D1825605

모링가 요리책

슈퍼푸드 모링가를 사용한 100 가지가 넘는
식물 기반 레시피로 건강과 에너지 증진

은경 국

저작권 자료 ©2023

판권 소유

발행인과 저작권 소유자의 적절한 서면 동의 없이는 리뷰에 사용된 간략한 인용을 제외하고 이 책을 어떤 방식, 형태 또는 형식으로도 사용하거나 배포할 수 없습니다. 이 책은 의학적, 법적 또는 기타 전문적인 조언을 대신할 수 없습니다.

목차

소개

"기적의 나무"라고도 알려진 모링가는 수많은 건강상의 이점 때문에 수세기 동안 전통 의학에서 사용되어 온 식물입니다. 높은 영양가와 치유력을 지닌 모링가는 다양한 요리에 사용하여 풍미를 높이고 영양 성분을 높일 수 있는 다용도 재료입니다.

이 모링가 요리책에서는 이 놀라운 슈퍼푸드를 포함하는 맛있고 만들기 쉬운 100가지 이상의 요리법을 발견하게 될 것입니다. 짭짤한 수프와 스튜에서 신선한 샐러드와 스무디에 이르기까지 이 요리책에는 모두를 위한 무언가가 있습니다.

그러나 모링가의 이점은 단순히 맛있는 맛을 넘어서는 것입니다. 면역 체계를 강화하고 소화를 개선하며 당뇨병 및 심장병과 같은 만성 질환의 위험을 낮추는 데 도움이 되는 항산화제, 비타민 및 미네랄이 가득합니다.

따라서 건강을 개선하려는 것이든 단순히 식사에 다양성을 추가하려는 것이든 Moringa 요리책은 이 놀라운 식물의 놀라운 이점을 경험하고자 하는 모든 사람에게 완벽한 리소스입니다. 단계별 지침과 찾기 쉬운 재료를 사용하면 맛있고 영양가 있는 식사를 즉시 만들 수 있습니다.

모링가, 슈퍼 푸드, 건강상의 이점, 영양 성분, 만들기 쉬움, 맛있는, 짭짤한 수프, 스튜, 신선한 샐러드, 스무디, 항산화제, 비타민, 미네랄, 면역 체계, 소화, 만성 질환, 당뇨병, 심장병 지원 , 단계별 지침, 찾기 쉬운 재료, 영양가 있는 식사.

야참과 브런치

1. 모링가 차

만든다: 2

재료

- 물 800ml
- 5-6 민트 잎 - 찢어진
- 커민 씨앗 1 티스푼
- 모링가 가루 2 티스푼
- 라임/레몬즙 1 큰술
- 감미료로 유기농 꿀 1 티스푼

지침

a) 물 4 컵을 팔팔 끓입니다.

b) 5-6 개의 민트 잎과 커민 씨/제라 1 티스푼을 추가합니다.

c) 물의 양이 반으로 줄어들 때까지 끓입니다.

d) 모링가 가루 2 티스푼.

e) 센 불로 조절하고 거품이 올라오면 불을 끈다.

f) 뚜껑을 덮고 4~5 분간 놔둡니다.

g) 5 분 후 차를 걸러 컵에 따른다.

h) 맛을 내기 위해 유기농 꿀을 첨가하고 신선한 라임 주스를 짠다.

2. 모링가 컵케이크

재료:

- 버터나 마가린 대신 버진 코코넛 오일 ½
- 설탕 ¾컵
- 계란 3 개
- 다목적 밀가루 2 컵
- 베이킹 파우더 3 티스푼
- 소금 1 티스푼
- 바닐라 1 티스푼
- 우유 ½컵
- 모링가 가루 3 큰술

지침:

a) 다용도 밀가루, 베이킹 파우더 및 소금을 함께 체질하십시오. 따로

b) 버진 코코넛 오일과 설탕을 함께 크림화합니다.

c) 코코넛 오일과 설탕 혼합물에 계란을 추가합니다. 혼합.

d) 바닐라, 우유, 모링가 가루를 넣고 섞습니다.

e) 그런 다음 따로 보관해 둔 마른 재료를 추가합니다.

f) 2/3 가 찰 때까지 기름칠한 컵케이크 팬에 혼합물을 붓습니다.

g) 450°F 로 예열된 오븐에서 25 분간 굽습니다.

3. 허니 모링가 라떼

분량: 2 인분

재료

- 모링가 ½ 티스푼
- 우유 1 컵
- 선택 사항: 꿀

지침

a) 뜨거운 물에 모링가 가루를 녹여 시럽을 만듭니다.

b) 뜨거운 우유 거품 만들기: 우유 거품기를 사용하거나 소스팬에서 가열하고 우유를 시럽과 함께 블렌더에 넣어 거품 효과를 낼 수 있습니다.

4. 모링가 코코넛 밀크 볼

분량: 2 인분

재료:
- 바나나 2 개
- 코코넛 밀크 ½ 컵
- 물 ½ 컵
- ¼ 아보카도
- 모링가 1 티스푼
- 꿀 이슬비

지침
a) 재료를 섞으세요
b) 예쁜 그릇에 담아주세요
c) 좋아하는 과일로 장식하십시오

5. 라즈베리와 모링가 그래놀라

만든다: 2

재료

- 구식 귀리 1 컵
- 다목적 밀가루 2 ¼ 컵
- 설탕 ⅔ 컵
- 베이킹파우더 1 스푼
- 체질한 모링가 2 큰술
- 소금 ½ 작은술
- 우유 1 ¼ 컵
- 바닐라 익스트랙 2 티스푼
- 계란 2 개
- 무지방 그릭 요거트 6 온스 용기
- 액체 상태의 코코넛 오일 ⅓ 컵
- 다진 라즈베리 1 파운드
- 들러붙지 않는 스프레이
- 샌딩 설탕, 마무리

지침

a) 오븐을 섭씨 200 도로 예열합니다. 각 틴에 8 개의 컵케이크 라이너를 넣은 다음 코팅된 논스틱 스프레이를 가볍게 뿌립니다.

b) 하나의 믹싱 볼에 모든 건조 재료를 섞습니다. 다른 믹싱 볼에 젖은 재료를 모두 섞습니다. 완전히 섞일 때까지 젖은 재료를 마른 재료에 천천히 섞습니다. 잘게 썬 딸기를 살살 섞어주세요. 숟가락이나 아이스크림 스쿱을 사용하여 배터가 라이너의 상단 가장자리에 닿을 때까지 라이너를 채웁니다.

c) 바삭한 머핀 크러스트를 만들기 위해 윗면에 샌딩 설탕을 뿌립니다.

d) 머핀을 섭씨 200 도에서 처음 10 분 동안 구운 다음 섭씨 80 도까지 온도를 낮추고 약 12-15 분 동안 윗부분이 아주 살짝 황금색이 되고 이쑤시개가 깨끗해질 때까지 굽습니다.

e) 머핀이 충분히 식으면 식힘망으로 옮겨주세요. 머핀을 즉시 제공하면 머핀이 라이너에 달라붙는 경향이 있습니다. 완전히 식을 때까지 기다리면 쉽게 풀릴 것입니다.

6. 통곡물 모링가 빵

재료: 작은 덩어리 2 개

재료

● 스펠트 밀가루 4 컵
● 혼합 생 씨앗 1 컵
● 잘게 썬 중간 당근 3 개
● 따뜻한 물 2 컵
● 효모 1.5 티스푼
● 소금 2 티스푼
● 모링가 가루 2 큰술

지침

a) 따뜻한 물에 이스트를 풀어주세요.

b) 모든 재료를 큰 믹싱 볼에 넣습니다.

c) 촉촉한 반죽 형태 또는 모든 재료가 촉촉해질 때까지 혼합합니다. 가능한 경우 핸드 믹서 또는 도우 후크가 있는 스탠드 믹서를 사용하십시오.

d) 준비된 미니 빵틀에 반죽을 펴줍니다. 반죽에 참깨를 뿌린다.

e) 차가운 오븐의 중간 랙에 두 개의 작은 식빵 팬을 놓습니다. 오븐 온도를 400 °F 로 설정합니다.

f) Moringa 빵을 45-50 분 동안 또는 반죽이 이쑤시개에 달라붙지 않고 이쑤시개를 넣었다 뺄 수 있을 때까지 굽습니다.

7. 버섯 속을 채운 모링가 팬케이크

만들다: 8 인분

재료:

팬케이크:

- 모링가 가루 2 티스푼
- 메밀가루 1 ½ 컵
- 계란 3 개
- 귀리 우유 2 컵
- 여과수 ½ 컵
- 핑크 소금 한 꼬집
- 신선한 시금치 2 줌
- 소량의 신선한 바질
- 혼합 허브 1 티스푼
- 코코넛 오일, 튀김

채우기:

- 마늘 2 쪽
- 밤버섯 250g
- 코코넛 오일 2 티스푼
- 혼합 허브 1 티스푼
- 핑크솔트 + 후추 약간
- 수제 캐슈 우유 ⅔ 컵
- 영양 효모 플레이크 1 큰술
- 신선한 바질 잎 몇 개
- 소량의 신선한 시금치

지침

a) 팬케이크 반죽을 만들려면 코코넛 오일을 제외한 모든 재료를 믹서기에 넣고 부드러워질 때까지 갈아줍니다.

b) 중불에서 프라이팬에 약간의 코코넛 오일을 녹이고 팬에 팬케이크 반죽을 두 스푼 크게 붓습니다. 팬케이크가 갈색이 될 때까지 약 2-3 분 동안 양쪽에서 튀깁니다.

c) 채우기 위해 마늘 정향을 부수고 밤나무 버섯을 대략 자릅니다. 약간의 코코넛 오일에 부드러워질 때까지 볶은 다음 혼합 허브, 핑크 소금, 후추, 홈메이드 캐슈 밀크를 넣습니다.

d) 약한 불로 낮추고 소스가 걸쭉해질 때까지 계속 저어줍니다. 다음으로 영양 효모 플레이크, 신선한 바질, 시금치 잎을 추가합니다. 잎이 시들 때까지 저은 다음 불을 끕니다.

e) 필링을 팬케이크에 숟가락으로 떠서 넣은 다음 팬케이크를 접습니다.

8. 모링가, 민트 & 레몬 아이스티

만든다: 1 리터

재료:

- 클렌징의 2 가지 피라미드: 모링가 슈퍼 티
- 갓 끓인 물 200ml
- 냉수 800ml
- 얇게 썬 레몬 1 개
- 민트 잎 한 줌

봉사하기 위해:

- 얼음 조각

지침

a) 내열 용기에 차 피라미드, 레몬 조각, 민트 잎 위에 끓는 물을 붓고 최소 10 분 동안 끓입니다. 차 피라미드를 제거하고 젓고 차를 식힌 다음 찬물로 채웁니다.

b) 봉사하려면 얼음 조각을 추가하십시오.

9. 카카오 & 모링가 도넛

구성 도넛 6 개

재료
도넛
- 모링가 가루 1 티스푼
- 슈퍼 카카오 파우더 1 티스푼
- 메밀가루 ½컵
- 아몬드 간 것 ¾컵
- 베이킹 소다 ¼작은술
- 핑크 소금 한 꼬집
- ¼ 컵 코코넛 설탕
- 달걀 1 개
- 으깬 큰 바나나 ½개
- 메이플 시럽 1 큰술
- 무가당 아몬드 우유 스플래시
- 윤활용 코코넛 오일 1 큰술

아이싱
- 모링가 아이싱용 모링가 가루 2 티스푼
- 카카오 아이싱을 위한 슈퍼 카카오 파우더 2 티스푼
- 부분적으로 녹인 코코넛 버터 4 큰술
- 생꿀 또는 메이플 시럽 2 큰술

토핑
- 카카오닙스
- 다진 헤이즐넛
- 식용 장미 꽃잎

지참

a) 오븐을 180C 로 예열합니다.

b) 도넛을 만들기 위해 메밀 기루, 간 아몬드, 베이킹 소다, 핑크 소금, 코코넛 설탕을 큰 그릇에 넣습니다.

c) 별도의 그릇에 계란, 으깬 바나나, 메이플 시럽, 아몬드 우유를 섞고 젖은 재료를 마른 재료에 완전히 섞일 때까지 부드럽게 접습니다. 혼합물을 두 개의 그릇에 나누고 모링가 기루를 한 그릇에, 카카오 기루를 다른 그릇에 넣고 저어줍니다.

d) 도넛 팬에 코코넛 오일을 조심스럽게 바르고 두 도넛 혼합물을 틀에 붓습니다.

e) 오븐에서 12-15 분 동안 굽고 유약을 바르기 전에 식힘망에서 식힙니다.

f) 카카오와 모링가 아이싱을 만들려면 부분적으로 녹인 코코넛 버터와 꿀을 섞습니다. 혼합물을 두 개의 그릇에 나누고 모링가 기루를 한 그릇에, 카카오 기루를 다른 그릇에 넣고 저어줍니다. 좀 더 걸쭉한 농도를 원하면 끓는 물을 약간 더하거나 녹인 코코넛 버터를 조금 더 넣고 잘 섞습니다.

g) 도넛이 완전히 코팅될 때까지 아이싱에 담그고 다진 헤이즐넛, 식용 장미 꽃잎 또는 카카오 닙을 얹습니다.

10. 바닐라 모링가 팬케이크

분량: 2 인분

재료:

- 구식 압착 귀리 1¾ 컵
- 무가당 모링가 가루 2 큰술
- 무설탕 바닐라 푸딩 믹스 2 큰술
- 베이킹 파우더 1½작은술
- 베이킹 소다 1 티스푼
- 소금 ¼작은술
- 녹인 코코넛 오일 2 큰술
- 메이플 시럽 1 큰술
- 큰 달걀 1 개
- 바닐라 익스트랙 1 티스푼
- 1½ 컵 2% 저지방 우유

지침

a) 모든 재료를 믹서기에 넣습니다. 녹은 코코넛 오일은 더 차가운 재료와 결합하면 굳을 수 있으므로 원하는 경우 우유를 약간 데워서 이런 일이 발생하지 않도록 할 수 있습니다.

b) 부드러운 액체가 될 때까지 블렌더에 모든 것을 갈아주세요.

c) 팬케이크 혼합물을 큰 그릇에 붓습니다.

d) 반죽을 5~10 분간 휴지시켜주세요. 이렇게 하면 모든 재료가 잘 섞이고 반죽의 일관성이 더 좋아집니다.

e) 들러붙지 않는 프라이팬이나 철판에 식물성 기름을 충분히 뿌리고 중불로 가열합니다.

f) 프라이팬이 뜨거워지면 ¼컵 계량 컵을 사용하여 반죽을 넣고 프라이팬에 반죽을 부어 팬케이크를 만듭니다. 측정 컵을 사용하여 팬케이크 모양을 만드십시오.

g) 면이 익고 가운데에 기포가 생길 때까지 익힌 다음 팬케이크를 뒤집습니다.

h) 팬케이크가 그 쪽에서 익으면 불에서 팬케이크를 꺼내 접시에 담습니다.

i) 나머지 타자로 이 단계를 계속하십시오.

11. 모링가를 곁들인 사워도우 빵

만들다: 1 덩어리

재료

- 미지근한 스트롱 모링가 1 컵
- 밀 사워도우 스타터 7 온스
- 소금 1 큰술
- 볼에 밀가루 5 컵과 올리브유

지참

a) 재료를 섞고 잘 반죽하십시오. 기름을 바르고 뚜껑을 덮은 볼에서 반죽을 1 시간 동안 발효시킵니다.

b) 반죽을 베이킹 테이블에 부드럽게 붓습니다.

c) 덩어리를 부드럽게 접고 기름칠 베이킹 트레이에 놓습니다. 30 분간 더 부풀게 놔둡니다.

d) 초기 오븐 온도: 475°F.

e) 빵을 오븐에 넣고 오븐 바닥에 물 한 컵을 뿌립니다. 온도를 400°F 로 낮추십시오.

f) 약 25 분 동안 빵을 굽습니다.

12. 모링가와 나스터튬 스무디 볼

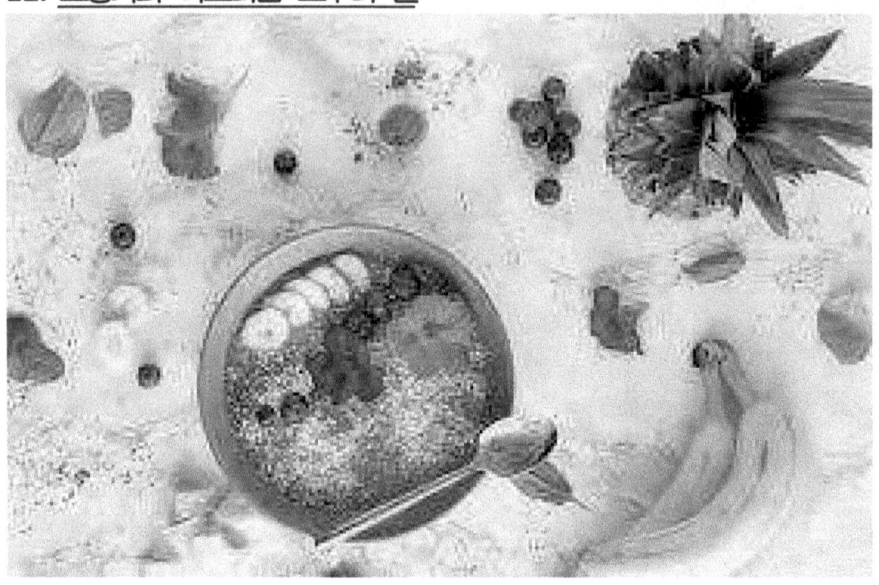

만든다: 1

재료

- 시금치 1 컵
- 냉동 바나나 1 개
- 파인애플 ½컵
- 고품질 모링가 분말 ½티스푼
- 바닐라 추출물 ½티스푼
- 무가당 아몬드 우유 ⅓컵

토핑

- 치아씨드
- 한련

지침

a) 모든 스무디 재료를 믹서기에 넣습니다. 부드럽고 크리미해질 때까지 펄싱합니다.

b) 스무디를 그릇에 붓습니다.

c) 토핑을 뿌린 후 바로 드세요.

13. 모링가, 오이, 민트 아이스티

분량: 2 인분

재료:

- 모링가 파우더 미니 1 스쿱
- 오이 & 민트 아이스티 시럽 3 펌프
- 미지근한 물 + 얼음

지침:

a) 컵에 모링가 가루와 시럽을 섞습니다.

b) 물을 최대 ¾까지 채웁니다.

c) 채울 때까지 저어주고 얼음을 추가합니다.

14. 다크 모링가 핫 초콜릿

분량: 2 인분

재료:
- 공정무역 다크 핫 초콜릿 1 스쿱
- 모링가 파우더 미니 1 스쿱
- 데운 우유

지참:
a) 모링가와 뜨거운 물을 섞어 부드러운 반죽이 되도록 섞습니다.
b) 데운 우유를 부어주면서 저어주세요

15. 모링가 바닐라라떼

분량: 2 인분

재료

- 바닐라 시럽 2 펌프
- 모링가 분말 1 스쿱, 더스트용 추가
- 데운 우유

지침

a) 시럽과 모링가를 컵에 뜨거운 물과 함께 섞습니다.

b) 매끄러운 반죽이 되도록 섞는다

c) 데운 우유를 부어주면서 저어주세요

d) 모링가 가루

16. 아침 스무디 볼

분량: 2 인분

재료

- 바나나 2 개
- 아몬드 우유 ½ 컵
- 물 ½ 컵
- ¼ 아보카도
- 모링가 1 티스푼
- 꿀 이슬비

지침

d) 재료를 섞으세요
e) 예쁜 그릇에 담아주세요
f) 좋아하는 과일로 장식하십시오

17. 캐슈 모링가 라떼

분량: 2 인분

재료:
- 모링가 ½ 티스푼
- 캐슈 우유 1 컵
- 선택 사항: 꿀

지침

c) 뜨거운 물에 모링가 가루를 녹여 시럽을 만듭니다.

d) 뜨거운 캐슈넛 우유 거품을 낸 다음 시럽과 함께 블렌더에 넣어 거품 효과를 냅니다.

18. 모링가 오버나이트 귀리

분량: 1 인분

재료

- ½ 컵 구식 귀리
- ½ 컵 우유 또는 우유 대체 선택
- 그릭 요거트 ¼컵
- 모링가 가루 1 티스푼
- 치아씨드 2 티스푼
- 꿀 1 티스푼
- 바닐라 추출물의 대시

지침

a) 모든 재료를 병이나 그릇에 넣고 잘 섞습니다.

b) 냉장보관하고 다음날 아침에 드세요!

19. 로즈 모링가 라떼

만든다:1

재료:

- 장미 꽃봉오리가 있는 모링가 가루 2 티스푼
- 뜨거운 물 1 큰술
- 뜨거운 귀리 우유 또는 다른 유제품 4 온스
- 꿀 1 작은술(선택 사항)

지침

a) 모링가 가루를 체에 쳐서 컵에 담습니다.

b) 물을 넣고 덩어리가 남지 않을 때까지 저어줍니다. 우유를 붓고 거품이 날 때까지 휘젓는다.

c) 원하는 경우 꿀을 저어주세요.

스낵과 애피타이저

20. 민트 모링가 오레오

만든다: 20-24

재료
- 귀리 가루 1 ½ 컵
- 코코아 가루 ½컵
- 코코넛 설탕 또는 백설탕/황설탕 ½컵
- 베이킹 파우더 ½작은술
- 소금 ¼작은술
- 코코넛 오일 ½컵
- 원하는 우유 ¼컵

포더민트 모링가 크림
- 캐슈 1 컵 - 가급적 4 시간 동안 불립니다.
- 메이플 시럽 또는 액체 감미료 2 큰술
- 코코넛 오일 1 큰술
- 우유 ¼컵
- FERA 모링가 1 티스푼
- 민트 추출물 1 티스푼

지침:

a) 오븐을 350°F 로 예열하세요.

b) 밀가루, 코코아, 설탕, 베이킹 파우더, 소금을 그릇에 넣고 섞습니다. 코코넛 오일과 우유를 넣습니다. 혼합하여 결합합니다.

c) 밀가루를 잘 뿌린 표면에 반죽을 옮깁니다. ¼인치 두께의 직사각형으로 펴고 둥근 쿠키 커터를 사용하여 쿠키를 잘라냅니다.

d) 유산지를 깐 베이킹 시트에 놓고 15-20 분간 굽습니다. 완전히 식하십시오.

e) 모든 필링 재료를 블렌더에 넣고 부드러워질 때까지 갈아줍니다.

f) 쿠키 중 하나에 속을 얇게 펴 바르고 다른 것으로 덮습니다.

g) 최대 4 일 동안 밀폐 용기에 보관하십시오.

h) 즐기다!

21. 모링가 포춘 쿠키

만드는 것 큰 포춘 쿠키 18 개

재료
- 설탕 ¾컵
- 큰 달걀 흰자 3 개
- 녹이고 식힌 무염 버터 4 온스
- 다목적 밀가루 ½컵
- 모링가 가루 1 큰술
- 18 작은 종이 운세

지침
a) 중간 크기의 그릇에 달걀 흰자, 버터, 밀가루, 모링가 가루와 함께 설탕을 부드러워질 때까지 휘젓습니다. 반죽을 덮고 1 시간 동안 냉장 보관합니다.

b) 오븐을 325°로 예열하고 베이킹 시트에 실리콘 매트를 깔습니다. 커피 머그와 표준 크기의 머핀틀을 준비하세요.

c) 6 인치 간격으로 2 테이블스푼 크기의 반죽 더미 두 개를 베이킹 시트에 숟니다. 오프셋 주걱을 사용하여 배터를 펴서 6 인치 원형 2 개를 만듭니다.

d) 가장자리가 갈색으로 변하고 중앙이 여전히 밝을 때까지 오븐 중앙에서 12~14 분 동안 굽습니다.

e) 10 초 동안 식힌 다음 주걱을 사용하여 튀일 하나를 뒤집고 중앙에 종이 운세를 놓습니다. 튀일을 반으로 접은 다음 커피 머그의 가장자리를 사용하여 주름을 만들기 위해 끝을 함께 가져옵니다. 모양을 유지하기 위해 머핀 컵에 포춘 쿠키를 놓습니다. 두 번째 튀일로 반복합니다. 튀일이 굳으면 몇 초 동안 오븐에 다시 넣습니다.

f) 남은 타자와 재산으로 반복하십시오. 서빙하기 전에 쿠키를 완전히 식하십시오.

22. No Bake Moringa 에너지 볼

만들다: 20 공

재료

- 모링가 잎 가루 1 큰술
- 혼합 씨앗 1 컵
- 계피 가루 1 숟가락
- 갓 간 생강 ½작은술
- 건포도 ⅔ 컵
- 바닐라 익스트랙 1 티스푼

지침

a) 거친 식사가 될 때까지 푸드 프로세서에서 Moringa 분말 및 계피와 함께 씨앗을 갈아줍니다.

b) 건포도와 바닐라 추출물을 넣고 모든 것이 뭉칠 때까지 과정을 반복합니다.

c) 공으로 굴립니다.

d) 즉시 서빙하거나 냉장고에 넣습니다.

e) 몇 주 동안 냉장고에 보관됩니다.

23. 모링가 팝콘

만든다: 3-4

재료
팝콘

- 팝콘 알맹이 100g/½컵
- 녹인 코코넛 오일 6 큰술

모링가 토핑

- 모링가 가루 2 티스푼
- 영양 효모 4 큰술
- 바다 소금 ½작은술

지침

a) 작은 그릇에 영양 효모, 모링가 분말, 천일염을 섞습니다.

b) 팝콘 기계나 코코넛 오일 4 큰술을 넣은 큰 냄비에 팝콘을 팝니다.

c) 냄비를 사용하는 경우 코코넛 오일과 커널 3 개를 추가합니다. 냄비를 뚜껑으로 덮고 중불로 가열합니다.

d) 커널이 타지면 냄비에서 제거하고 나머지 커널을 추가하십시오. 타지 않도록 10 초마다 냄비를 흔들면서 타지도록 합니다.

e) 알갱이가 모두 터지면 팝콘을 큰 그릇에 담습니다.

f) 녹인 코코넛 오일 2 큰술을 팝콘 위에 뿌립니다. 그릇에 팝콘을 뒤집어 오일을 입힙니다.

g) 팝콘 위에 모링가 토핑을 뿌려 잘 섞어줍니다. 맛에 추가 소금을 추가합니다.

h) 즐기다!

24. 피스타치오 아마란스 모링가 바

만들다: 9 바

재료
크러스트 레이어
- 부풀린 아마란스 ⅓컵
- 껍질을 벗긴 피스타치오 ½컵
- ½ 컵 건조 코코넛
- 계피 ¼티스푼
- 카다멈 ¼티스푼
- 판치 핑크 소금
- 호박씨 버터 3 큰술
- 메이플 시럽 3 큰술

모링가 레이어
- 하룻밤 불린 캐슈 1 ½ 컵
- 모링가 가루 1 큰술
- 라임 1 개, 제스트
- 라임 1 개, 주스
- 메이플 시럽 ¼컵
- 바닐라 1 티스푼
- 아몬드 우유 ½컵
- 코코넛 버터 1 컵
- 코코넛 오일 2 큰술

지침

a) 받침을 분리할 수 있는 사각 케이크 틀을 준비하세요.

b) 껍질을 벗긴 피스타치오를 푸드 프로세서나 고속 블렌더에 넣고 거칠게 갈 때까지 몇 번 펄싱합니다.

c) 건조된 코코넛, 계피, 카다멈, 소금을 넣고 섞일 때까지 펄싱합니다.

d) 중간 그릇에 모든 것을 떠서 부풀린 아마란스와 섞습니다.

e) 작은 그릇에 호박씨 버터와 메이플 시럽을 섞은 다음 나머지 혼합물과 섞어 끈적한 질감을 만듭니다.

f) 크러스트 믹스를 깡통에 숟가락으로 떠서 바닥에 고르게 펴고 단단히 누릅니다.

g) 냉장고에 넣습니다.

h) 이중 보일러에서 코코넛 오일로 코코넛 버터를 부드럽게 녹이고 따로 둡니다.

i) 불린 캐슈넛을 흐르는 물에 헹구고 믹서기에 넣습니다. 모링가 가루, 라임 제스트, 주스, 메이플 시럽, 바닐라, 아몬드 우유를 넣고 부드러워질 때까지 혼합합니다. 천천히 녹인 코코넛 버터를 넣고 섞일 때까지 혼합합니다. 코코넛 버터를 넣기 전에 혼합물이 실온에 있는지 확인하십시오.

j) 크러스트 층에 숟가락으로 떠서 윗면을 매끄럽게 만듭니다.

k) 몇 시간 또는 하룻밤 동안 냉동실에 넣어 굳힙니다.

l) 다 굳으면 깡통에서 조심스럽게 꺼내 날카로운 칼로 9 등분합니다.

m) 더 많은 모링가 가루와 으깬 피스타치오를 더합니다.

25. 모링가 & 레몬 컵

만든다: 10

재료:

- 코코넛 버터 ½ 컵
- ½ 컵 마카다미아 너트
- 카카오 버터 ½ 컵
- ¼ 컵 코코넛 오일
- ¼ 컵 스워브, 가루
- 잘게 간 레몬 제스트 1 큰술
- 모링가 가루 1 티스푼

지침

a) 먼저 레몬 제스트와 모링가를 제외한 모든 재료를 푸드 프로세서에 넣고 1 분 동안 펄싱하여 모두 합칩니다.

b) 혼합물을 두 개의 그릇으로 나눕니다. 반으로 나누기 전에 가능한 한 똑같이 반으로 나누어야 합니다.

c) 모링가 가루는 별도의 그릇에 담아야 합니다. 특정 요리에 레몬 제스트와 다른 재료를 섞습니다.

d) 미니 머핀 컵 10 개에 모링가 믹스를 반 정도 채운 다음 레몬 혼합물 1 테이블스푼과 반을 토핑합니다. 따로 서빙하기 전에 적어도 한 시간 동안 냉장고에 보관했는지 확인하십시오.

26. 호박씨 모링가 컵케이크

분량 10 인분

재료

컵케이크

- 코코넛 가루 ½컵
- 타피오카 가루 ½컵
- 호박씨 ½컵
- 모링가 가루 2 티스푼
- 베이킹 소다 ½작은술
- 소금 ¼작은술
- 계란 4 개, 실온
- 코코넛 오일 ½컵, 머핀 틀에 기름칠용 추가
- 꿀 ½컵

프로스팅

- 상온에서 팜 쇼트닝 ½컵
- 꿀 2 큰술
- 바닐라 추출물 ½티스푼
- 토핑용으로 녹인 초콜릿과 호박씨

지침

a) 오븐을 375°F 로 예열합니다. 실리콘 머핀 팬에 코코넛 오일을 바르거나 머핀 틀에 유산지를 깔아줍니다.

b) 코코넛 가루, 타피오카 가루, 호박씨, 모링가 가루, 베이킹 소다, 소금을 푸드 프로세서에 넣고 호박씨가 곱게 갈릴 때까지 펄싱합니다.

c) 계란, 기름, 꿀, 퓨레를 부드러워질 때까지 첨가합니다.

d) 실리콘 몰드나 머핀 틀의 컵에 숟가락으로 떠 넣은 다음 예열된 오븐에 넣습니다. 열을 350° F 로 낮추고 20-25 분 동안 또는 삽입된 테스터가 깨끗해질 때까지 구운 다음 식히기 위해 따로 둡니다.

e) 프로스팅을 만들기 위해 쇼트닝, 꿀, 바닐라를 부드러워질 때까지 휘핑합니다. 커플러와 팁이 있는 짤주머니를 끼운 다음 프로스팅을 짤주머니에 넣습니다. 컵케이크가 식으면 원하는 디자인으로 프로스팅을 위에 뿌립니다.

f) 녹은 초콜릿과 더 많은 호박씨를 얹습니다. 만약 원한다면

27. 생 모링가 & 민트 초콜릿 스퀘어

12 개의 사각형을 만듭니다.

재료

베이스

- 아몬드 1 컵
- 카카오 파우더 2 큰술
- 메줄 대추 1 컵
- 소금 한 꼬집

민트 필링

- 모링가 가루 2 티스푼
- 캐슈 1 ½ 컵
- 신선한 민트 잎 ¼컵
- 메이플 시럽/쌀 시럽/생꿀 ¼컵
- 비유제품 우유 ½-¾컵
- 녹인 코코넛 오일 ¼컵
- 페퍼민트 추출물, 취향에 따라

생 초콜릿 토핑

- 녹인 코코넛 오일 ⅓컵
- ¼ 컵 카카오 파우더
- 메이플 시럽/생꿀 2 큰술
- 소금 한 꼬집
- 장식용 카카오닙스

지침

a) 베이스로 아몬드를 푸드 프로세서에 넣고 거친 말가루가 될 때까지 갈아줍니다. 소금, 카카오 가루, 대추를 넣고 혼합물이 손가락과 엄지손가락으로 쉽게 붙을 때까지 다시 섞습니다.

b) 속을 준비하는 동안 양피지를 깐 베이킹 용기에 고르게 눌러 넣고 냉동실에 보관합니다.

c) 고성능 블렌더 또는 푸드 프로세서에서 캐슈, 민트 잎, 액상 감미료, 모링가 및 비유제품 우유를 매우 부드러워질 때까지 혼합합니다. 녹인 코코넛 오일을 넣고 다시 섞습니다. 마지막으로 민트 추출물을 넣고 다시 섞어 맛을 봅니다. 필요한 경우 조금 더 추가하십시오.

d) 준비된 베이스 위에 민트 필링을 붓고 주걱으로 펴줍니다. 주석을 냉동실에 다시 넣으십시오. 중간 크기의 볼에 초콜릿 재료를 넣고 휘젓습니다. 약간 식도록 1분 동안 그대로 둡니다.

e) 민트 필링을 붓고 고르게 펴 바릅니다.

f) 카카오닙스를 뿌린 뒤 냉동실에 다시 넣어 완전히 굳힙니다. 네모난 모양으로 썰어 바로 드시거나 냉장고에서 꺼내 드시면 더 부드러운 식감으로 드실 수 있습니다.

28. 카카오, 모링가 & 모링가 마카롱

재료

- 잘게 썬 코코넛 ½컵
- 모링가 가루 1 큰술
- 모링가 1 큰술
- 참깨 3 큰술
- 생 카카오닙스 2 큰술
- 바다 소금 한 꼬집
- 메이플 시럽 5 큰술
- 코코넛 오일 4 큰술
- 캐슈 버터 2 큰술
- 바닐라빈 1 개 또는 바닐라 추출물 1 티스푼

카카오 레이어:

- 필로소피 카카오 매직파우더 2 큰술

지침

a) 그릇에 모든 건조 재료를 섞습니다.

b) 젖은 재료를 넣고 질감이 균일해질 때까지 잘 섞습니다.

c) 이제 두 가지 선택이 있습니다. 혼합물을 각얼음 트레이에 넣고 2 시간 동안 얼리십시오.

d) 그 후 마카롱을 즐길 준비가 된 것입니다. 냉장고에 보관하는 것을 잊지 마십시오.

e) 혼합물을 공 모양으로 만든 다음 카카오 매직과 카카오 닙으로 굴려 건강하고 건강한 초콜릿 터치를 즐겨보세요.

f) 2 시간 동안 얼린 후 밀폐 용기에 담아 냉장고에 보관합니다.

29. 모링가 할로윈 컵케이크

만든다: 12

재료:

케이크:

- 모랑가 가루 4 티스푼
- 쌀가루 120g
- 아몬드 가루 150g
- 글루텐 프리 베이킹 파우더 2 티스푼
- 녹인 코코넛 오일 170g
- 메이플 시럽 150ml
- 큰 계란 3 개
- 무가당 아몬드 우유 160ml
- 바닐라 익스트랙 1 티스푼

프로스팅

- 모랑가 가루 2 티스푼
- 전지 코코넛 밀크 통조림 2 개
- 메이플 시럽 1 큰술
- 바닐라 익스트랙 1 티스푼
- 주스 라임 1 개
- 반으로 자른 딸기 6 개

지침

a) 오븐을 170°C 로 예열하고 12 홀 컵케이크 트레이에 컵케이크 케이스를 놓으세요.

b) 컵케이크를 만들려면 쌀가루, 아몬드 가루, 베이킹 파우더, 모링가 파우더를 큰 믹싱 볼에 넣고 섞습니다.

c) 코코넛 오일, 메이플 시럽, 달걀, 아몬드 우유, 바닐라를 블렌더나 푸드 프로세서에 넣고 4 번 펄싱합니다.

d) 젖은 재료를 마른 재료에 붓고 잘 섞습니다. 준비한 컵케이크 틀에 반죽을 골고루 담아주세요.

e) 오븐에서 25 분 동안 또는 꼬치나 칼이 깨끗해질 때까지 굽습니다.

f) 프로스팅을 만들려면 각 코코넛 밀크 통의 두꺼운 윗부분을 제거하고 큰 그릇에 담습니다. 걸쭉하고 크림처럼 될 때까지 1-2 분 동안 휘젓습니다. 메이플 시럽, 모링가, 바닐라, 라임 주스를 넣고 다시 1 분 더 휘젓습니다.

g) 컵케이크를 식힘망에 놓기 전에 트레이에서 15 분 동안 식힙니다.

h) 식힌 각 컵케이크에 프로스팅을 짜거나 바르고 딸기로 장식합니다.

30. 포니오 & 모링가 크래커

10 을 만든다

재료
크래커
- Fonio Super-Grain ¾ 컵, 밀가루에 혼합
- 모링가 가루 1 티스푼
- 호박씨 1 컵
- 해바라기씨 ¾컵
- 아마씨 ½컵, 통씨
- 치아씨드 ½컵
- ⅓ 컵 글루텐 프리 퀵 오트
- 양귀비씨 2 큰술
- 소금 ½작은술
- 후추 ½작은술
- 강황 가루 ¼작은술
- 칠리 올리브유 또는 일반 올리브유 2 큰술
- 물 ½컵

치즈 보드용
- 견과류
- 말린 과일
- 신선한 과일
- 비건 치즈

지침
a) 오븐을 190°로 예열합니다. 그릇에 모든 건조 재료를 섞습니다.

b) 올리브 오일과 물을 넣고 반죽이 될 때까지 잘 섞습니다.

c) 혼합물을 두 부분으로 나눕니다. 반죽의 절반을 유산지 사이에 놓고 2~3mm 두께로 밀어주세요.

d) 원하는 모양으로 잘라 베이킹 트레이에 옮깁니다. 반죽의 후반부에 단계를 반복하십시오. 20-25 분 동안 또는 가장자리가 황금빛 갈색이 될 때까지 굽습니다.

e) 10 분간 식히십시오. 다양한 과일, 견과류, 치즈 및 딥과 함께 제공하십시오.

31. 건강한 모링가 볼

구성 에너지 볼 14 개

재료:

- 껍질을 벗긴 피스타치오 ½컵
- 캐슈넛 ¾컵
- 움푹 들어간 날짜 12 개
- 무가당 코코넛 조각 ¼컵
- 모링가 가루 2 티스푼
- 코코넛 오일 1 큰술

지침

a) 피스타치오 ¼컵을 가지고 푸드 프로세서에서 곱게 갈 때까지 가공합니다. 별도의 그릇에 옮겨 따로 보관합니다.

b) 캐슈, 남은 피스타치오 ¼컵, 대추야자, 코코넛, 모링가 가루, 코코넛 오일을 넣습니다. 잘게 다지고 혼합물이 끈적해질 때까지 잘 섞습니다.

c) 혼합물을 공 모양으로 떠서 손으로 굴립니다.

d) 다진 피스타치오에 볼을 넣고 15 분 동안 식힙니다! 즐기다!

32. 가보 토마토 사시미

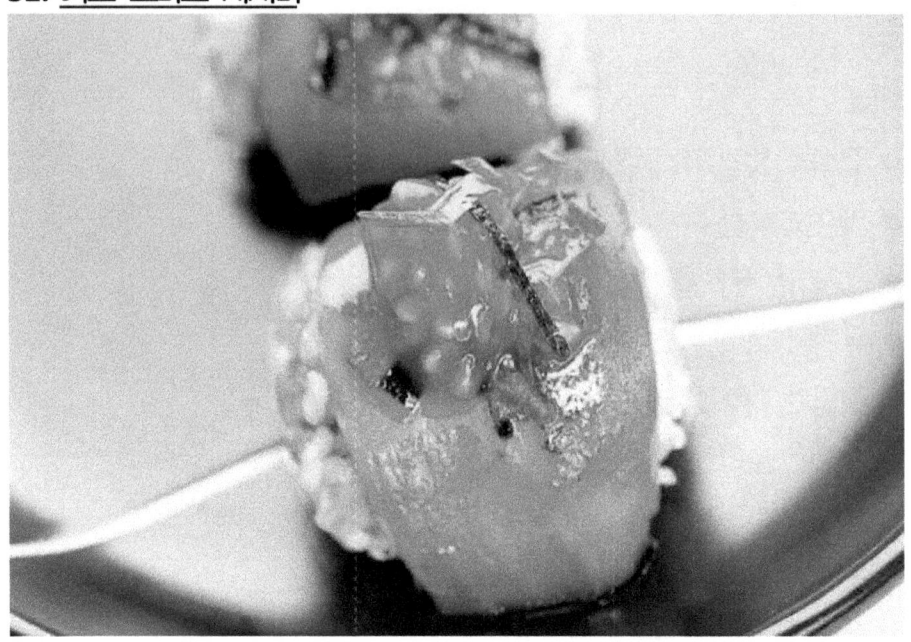

만든다: 6

재료

- 쌀식초 4 큰술
- 설탕 1 티스푼
- 씨를 제거하고 얇게 썬 에어룸 토마토 3 개
- 레몬 1 개, 반으로 자른다
- 다진 무 1 컵
- 바다 소금 2 티스푼
- 모링가 ¼ 작은술

지침

a) 냄비에 쌀 식초와 설탕을 함께 저어줍니다.

b) 거의 끓어오르면 약 2 분간 끓인다.

c) 열에서 제거하고 완전히 식하십시오.

d) 2 개의 서빙 접시에 토마토를 나눕니다.

e) 토마토 위에 식초를 뿌립니다.

f) 각 접시의 측면에 레몬 반쪽을 놓으십시오.

g) 무의 절반을 각 접시 위에 놓습니다.

h) 두 접시에 나누어 담습니다.

i) 토마토 위에 레몬을 짜십시오.

j) 천일염과 모링가 가루를 섞는다.

k) 위에 모링가/소금 혼합물을 뿌립니다.

33. 피스타치오 & 모링가 블리스 볼

분량: 4 인분

재료

- 모링가 1 티스푼
- 생 캐슈넛 ½컵
- 무가당 건조 코코넛 ½컵
- 아몬드가루 20ml
- 코코넛 가루 20ml 큰 스푼
- 물 20ml 큰 스푼
- 쌀 엿기름 시럽 20ml
- 엑스트라 버진 코코넛 오일 20ml, 녹인 것
- 잘게 썬 껍질을 벗긴 피스타치오 너트 ¼컵

지침

a) 푸드 프로세서에 캐슈넛, 코코넛, 아몬드 가루, 코코넛 가루, 모링가 가루를 고운 부스러기 같은 질감이 될 때까지 섞습니다.

b) 물, 쌀 엿기름 시럽, 녹인 코코넛 오일을 넣고 모든 것이 잘 섞일 때까지 혼합합니다. 혼합물은 함께 붙을 수 있을 만큼 끈적해야 하지만, 공 모양으로 굴릴 수 없을 정도로 끈적하지 않아야 합니다. 혼합물이 너무 끈적거리면 코코넛 가루를 조금 더 추가합니다. 너무 건조하면 물을 조금 더 추가하십시오.

c) 혼합물을 볼 모양으로 만들고 잘게 썬 피스타치오 너트를 바르고 너트를 볼에 살짝 눌러 고정시킵니다. 공을 냉장고에 넣어 두십시오. 밀폐용기에 담아 냉장고에 보관하세요.

34. 모링가 라임 팝콘

분량: 2 인분

재료
- 코코넛 오일 1 큰술
- ¼ 컵 팝콘 커널
- 설탕 2 큰술
- 비건 버터 1 큰술
- 물 ½티스푼
- 모링가 가루 1 티스푼
- 아주 곱게 다진 라임 제스트 1 티스푼

지침

a) 크고 깊은 냄비나 스튜 냄비에 기름을 넣고 중불로 가열합니다. 냄비에 팝콘 알갱이 몇 개를 넣고 터질 때까지 기다리십시오.

b) 터지면 나머지 팝콘 알갱이를 넣고 저어 기름으로 코팅한 다음 불에서 내립니다. 30~50 초 정도 기다린 후 냄비를 스토브 위에 다시 올려놓습니다.

c) 뚜껑을 덮고 알갱이가 터질 때까지 기다립니다. 튀기 시작하면 냄비를 몇 번 흔들어 모든 알맹이가 고르게 익도록 합니다. 모든 커널이 터질 때까지 계속 요리하십시오. 열에서 제거하고 큰 믹싱 그릇으로 옮깁니다.

d) 작은 냄비에 설탕과 비건 버터를 넣습니다. 소금도 한꼬집 넣어주세요. 중불로 가열하고 약 1 분 동안 끓입니다. 물을 넣고 저은 다음 20 초 더 또는 설탕이 완전히 녹을 때까지 요리합니다.

e) 팝콘 위에 시럽이 골고루 묻도록 저어주면서 동시에 부어줍니다. 팝콘 위에 모링가 가루를 체쳐 넣고 저어 코팅합니다. 라임 제스트를 넣고 다시 저어줍니다.

f) 즉시 봉사하십시오. 이 팝콘은 당일 제공하는 것이 가장 좋지만 다음날 350°F 로 예열된 오븐에서 약 5 분 동안 다시 데울 수 있습니다.

35. 모링가 모찌

만드는 법 떡 6 개

재료
캐슈넛 크림
- 밤새 불린 생 캐슈 ½컵
- 물 ½컵

모링가 필링
- 카카오 버터 50g
- 가루 설탕 45g
- 최고의 맛을 위해 모링가 분말 1 티스푼 사용
- 캐슈 크림 2 큰술
- 바닐라 추출물 ¼티스푼

떡 반죽
- 찹쌀가루 ½컵
- 백설탕 2 큰술
- 아몬드 우유 또는 기타 식물성 우유 6 큰술
- 오일 1 과 ½티스푼
- 모링가 가루 ¼작은술

지침

캐슈넛 크림

a) 캐슈의 물기를 빼고 물과 함께 고속 블렌더에 넣습니다. 30-50 초 동안 또는 부드러워질 때까지 강하게 사용합니다. 그릇에 옮기고 따로 보관하십시오.

모링가 필링

b) 작은 냄비에 카카오 버터를 녹입니다. 녹는 즉시 열에서 제거하십시오. 카카오 버터는 뜨거우면 안됩니다. 너무 뜨거우면 몇 분 동안 또는 실온이 될 때까지 식하십시오.

c) 녹인 카카오 버터를 작은 그릇에 옮깁니다. 가루 설탕, Moringa, 캐슈 크림 및 바닐라를 추가하십시오.

d) 완전히 섞일 때까지 휘젓고 2-3 분 동안 또는 약간 걸쭉해질 때까지 계속 휘젓습니다.

e) 냉장고로 옮겨 약 2 시간 동안 또는 굳을 때까지 냉장 보관합니다.

f) 떡반죽

g) 작은 그릇에 찹쌀가루, 백설탕, 아몬드 우유, 기름, 모링가 가루를 함께 휘젓습니다.

h) 냄비에 물을 끓이고 그 위에 대나무 찜 바구니를 놓습니다.

i) 대나무 찜기에 들어갈 용기에 혼합물을 옮깁니다.

j) 뚜껑을 닫고 20 분간 찐다. 찌는 중간에 숟가락으로 저어줍니다.

k) 20 분 후 반죽이 따뜻해질 때까지 15-20 분 동안 식힙니다. 그릇에 옮기고 반죽이 매끄러워질 때까지 나무주걱으로 잘 저어줍니다.

l) 끈적끈적한 반죽을 비닐에 싸서 냉장실에서 약 45 분간 휴지시켜주세요.

m) 모양 만들기: 모링가 필링 1.5 티스푼을 떠서 조심스럽게 볼 모양으로 말아 따로 둡니다. 작업 표면에 옥수수 전분을 뿌립니다. 소량의 떡 반죽을 가지고 먼지를 뿌린 표면에 둥글게 펴십시오.

n) 반죽 중앙에 필링 공을 놓고 반죽을 감싸십시오. 가장자리를 꼬집어 밀봉하십시오. 밀봉된 면이 아래를 향하도록 접시에 옮깁니다. 나머지 충전물과 반죽으로 반복하십시오.

o) 즉시 즐기거나 몇 시간 동안 냉장 보관하십시오. 떡은 당일에 먹는 것이 가장 좋지만 냉장고에서 최대 3 일 동안 보관할 수 있습니다.

36. 마카다미아 모링가 초콜릿

분량: 2 인분

재료:

- 카카오 버터 10g
- 고체 코코넛 오일 3 큰술
- 모링가 가루 2 티스푼
- 생 카카오 가루 1 티스푼
- 액상 감미료 2.5 큰술
- 바닐라 추출물 한 꼬집
- 판치 바다 소금
- 레몬 제스트 1 티스푼
- 선택의 토핑 나는 마카다미아 너트, pepitas 및 구기자 열매에 갔다.

지참

a) 팬에 베이킹 페이퍼를 깔아주세요.

b) 그릇에 카카오 버터를 넣고 끓는 물이 담긴 작은 냄비 위에 그릇을 놓습니다.

c) 카카오 버터를 녹이고 코코넛 오일을 첨가합니다.

d) 나무 또는 실리콘 주걱을 사용하여 녹이고 저어줍니다.

e) 모링가와 카카오 가루를 넣고 저어주세요.

f) 바닐라, 천일염, 원하는 감미료를 넣고 모든 것이 섞일 때까지 저어줍니다.

g) 열에서 그릇을 제거하고 초콜릿이 약간 굳기 시작할 때까지 천천히 계속 저어줍니다.

h) 레몬 제스트를 넣고 골고루 섞이도록 계속 저어줍니다.

i) 준비된 팬에 초콜릿을 붓고 토핑을 추가합니다.

j) 냉장고에 넣고 완전히 굳히십시오.

37. 모링가 땅콩모찌

재료

떡

- 찹쌀가루 300g

- 밀 전분 50g

- 캐스터 설탕 75g

- 기름 1 ½ 큰술

- 물 450ml

- 모링가 가루 ½ 작은술

땅콩 필링

- 혼합 볶은 땅콩 300g

- 캐스터 설탕 100g

- 소금 ¼ 작은술

코팅 및 더스팅용 밀가루:

- 찹쌀가루 200g 을 중불에서 20 분간 볶는다.

지침

a) 잘 섞일 때까지 모든 떡 재료를 섞는다. 체에 거른 후 기름칠한 찜기에 붓고 중불에서 25 분간 찐다.

b) 쌀가루 혼합물이 다룰 수 있을 만큼 충분히 식으면 가루를 살짝 흩뿌린 작업대에 긁어냅니다.

c) 밀가루를 뿌린 날카로운 칼을 사용하여 요리 반죽을 작은 부분으로 약 35-40g 씩 나눕니다.

d) 한 번에 한 조각씩 작업하고 손에 밀가루를 뿌려 달라붙지 않도록 각 조각을 공 모양으로 굴립니다.

e) 공을 평평하게 한 다음 손을 사용하여 지름 8cm 의 둥글게 만듭니다.

f) 모든 필링 재료를 섞은 다음 라운드 중앙에 필링 한 스푼을 놓고 가장자리를 필링 위로 가져 와서 밀봉합니다.

g) 둥글게 부드럽게 다시 굴려 상단을 약간 눌러 약간 평평하게 만듭니다.

h) 표면을 매끄럽게 하기 위해 떡에 밀가루를 입혔습니다.

i) 모찌는 밀폐 용기에 최대 2 일 동안 보관됩니다.

38. 블루베리 모링가 머핀

재료

젖은

- 모링가 ½ 컵
- 레몬 제스트 1 티스푼
- 따뜻한 전유 ½ 컵
- 녹인 무염 버터 스틱 1 개
- 계란 2 개

마른

- 다목적 글루텐 프리 말가루 2-½ 컵
- 베이킹 파우더 2 작은술
- 베이킹 소다 ¼ 작은술
- 백설탕 1 컵
- 코셔 소금 1 티스푼
- 신선한 블루베리 1 컵

지침

a) 오븐을 350 도로 예열하세요.

b) 믹서기에서 젖은 재료를 모두 넣고 10 분 동안 그대로 두었다가 부드러워질 때까지 사용합니다.

c) 혼합물은 Moringa 에서 남색으로 변하고 녹은 버터에서 약간 걸쭉하게 보입니다. 따로 보관하십시오.

d) 큰 그릇에 글루텐 프리 밀가루, 베이킹 파우더, 베이킹 소다, 설탕, 코셔 소금을 넣고 섞습니다.

e) 마른 혼합물의 1/4 컵을 남겨두고 블루베리가 코팅될 때까지 버무린 다음 따로 보관합니다. 이것은 과도한 수분을 흡수하고 반죽의 일관성을 변경하는 것을 방지합니다.

f) 한편 큰 그릇에 젖은 재료를 마른 재료에 넣고 주걱으로 저어줍니다. 혼합물은 파란색 색조가 다양하며 괜찮습니다. 반죽이 뭉쳐지면 블루베리를 뿌린 후 가볍게 섞어주세요.

g) 머핀 라이너로 미니 머핀 통을 조립하십시오.

h) 국자를 사용하여 미니 머핀 통을 3/4 정도 채웁니다.

i) 머핀을 10 분 동안 또는 삽입한 이쑤시개가 깨끗이 나올 때까지 굽습니다.

39. 모링가 그래놀라 바

분량: 4 인분

재료

- 원하는 경우 글루텐이 없는 말린 귀리 2 컵
- 페피타스 1 컵
- 무가당 퍼프 라이스 시리얼 1 ½ 컵
- 대략 다진 말린 과일 ½컵
- 천일염 ¼작은술
- 모링가 가루 1½큰술
- 현미 시럽 ⅓컵
- 메이플 시럽 3 큰술
- 타히니 ½컵
- 코코넛 오일 2 큰술
- 바닐라 익스트랙 1 티스푼

지침

a) 오븐을 325°F/160°C 로 예열합니다.

b) 귀리와 페피타를 베이킹 시트에 넣고 10-15 분 동안 굽고 귀리가 황금색이 되고 고소한 향이 날 때까지 한두 번 저어줍니다.

c) 작은 냄비에 현미 시럽, 메이플 시럽, 타히니, 코코넛 오일, 바닐라를 섞습니다.

d) 결합하기 위해 털다. 과열하지 마십시오.

e) 큰 그릇에 식힌 귀리와 호박씨를 다진 말린 과일, 라이스 퍼프, 소금, 모링가 가루와 섞습니다.

f) 젖은 재료를 마른 재료 위에 붓고 재빨리 저어 섞습니다.

g) 랩이나 베이킹 페이퍼를 깐 브라우니 팬에 혼합물을 붓습니다. 혼합물을 특히 모서리에 단단히 누르십시오.

h) 몇 시간 동안 냉장고에 넣어 굳힌 다음 냉장고에서 꺼내 막대 모양으로 자릅니다. 남은 음식은 최대 2 주 동안 냉장고에 보관하세요.

40. 모링가 유자 팝콘

분량: 2 인분

재료

- 코코넛 오일 1 큰술
- ¼ 컵 팝콘 커널
- 설탕 2 큰술
- 비건 버터 1 큰술
- 물 ½ 티스푼
- 모링가 가루 1 티스푼
- 잘게 다진 유자 제스트와 즙 1 티스푼

지침

g) 크고 깊은 냄비나 스튜 냄비에 기름을 넣고 중불로 가열합니다.

h) 냄비에 팝콘 알갱이 몇 개를 넣고 터질 때까지 기다리십시오.

i) 터지면 나머지 팝콘 알갱이를 넣고 저어 기름으로 코팅한 다음 불에서 내립니다. 30~50 초 정도 기다린 후 냄비를 스토브 위에 다시 올려놓습니다.

j) 뚜껑을 덮고 알갱이가 터질 때까지 기다립니다. 튀기 시작하면 냄비를 몇 번 흔들어 모든 알맹이가 고르게 익도록 합니다. 모든 커널이 터질 때까지 계속 요리하십시오. 열에서 제거하고 큰 믹싱 그릇으로 옮깁니다.

k) 작은 냄비에 설탕과 비건 버터를 넣습니다. 소금도 한꼬집 넣어주세요. 중불로 가열하고 약 1 분 동안 끓입니다. 물을 넣고 저은 다음 20 초 더 또는 설탕이 완전히 녹을 때까지 요리합니다.

l) 팝콘 위에 시럽이 골고루 묻도록 저어주면서 동시에 부어줍니다.

m) 모링가를 팝콘 위에 체로 치고 저어 코팅합니다. 유자 제스트와 주스를 넣고 다시 저어줍니다.

n) 즉시 봉사하십시오.

41. 모링가 아몬드 크러센트

만들다: 3 다스 쿠키

재료
모링가 도우:
- 비건 버터 ½컵
- 부드러운 아몬드 버터 ½컵
- ⅔ 컵 그래뉴당
- 비건 바닐라 요거트 3 큰술
- 모링가 차 가루 1 큰술
- 바닐라 추출물 1 티스푼
- 아몬드 추출물 ½티스푼
- 다목적 말가루 2 컵
- 데친 아몬드 가루 1 컵
- 소금 ¼작은술
끝내기 위해
- ½ 제과용 설탕

지침

a) 패들 부착물이 설치된 스탠드 믹서를 사용하여 버터, 아몬드 버터, 설탕, 요거트, 블루 모링가, 바닐라 및 아몬드 추출물을 함께 크림화합니다. 완전히 균질하고 가볍고 푹신해질 때까지 혼합합니다.

b) 별도의 그릇에 밀가루와 소금을 함께 휘젓습니다. 완전히 섞일 때까지 모터를 가능한 가장 낮은 속도로 켜고 건조한 재료를 점차적으로 추가합니다. 필요에 따라 잠시 멈추고 그릇의 측면을 긁어내십시오.

c) 각 쿠키에 대해 반죽의 작은 공을 떠서 가볍게 축축한 손으로 굴려서 실린더 모양을 만드십시오. 바깥 쪽 끝을 부드럽게 눌러 더 뾰족한 뿔로 만들고 초승달 모양으로 구부립니다.

d) 기름칠하지 않은 베이킹 시트에 약 1 인치 간격으로 놓고 22~26 분 동안 또는 굳고 바닥이 옅은 갈색이 될 때까지 굽습니다. 완전히 식히기 위해 와이어 랙으로 옮기기 전에 2-3 분 동안 그대로 두십시오.

e) 제과용 설탕으로 버무려 코팅합니다. 최대 3 개월 동안 냉동실에 서방하거나 보관하세요.

메인 코스

42. 모링가 렌즈콩 코코넛 커리

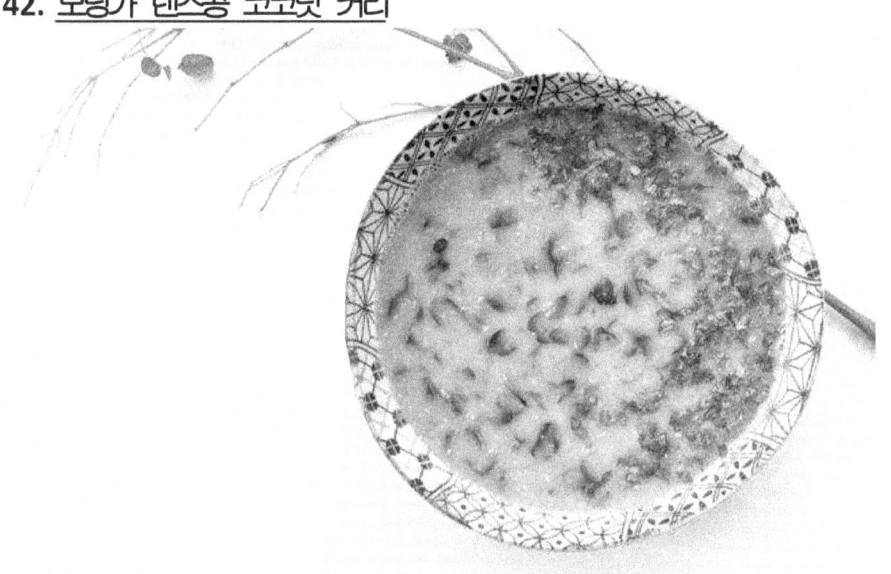

구성 4 인분

재료

- 모링가 가루 2 티스푼
- 1 ⅓ 컵 빨간 렌틸콩
- 적양파 1 개
- 마늘 3 쪽
- 1 노브 생강
- 카레 가루 1 티스푼
- 강황 가루 1 티스푼
- 커민 씨앗 1 티스푼
- 으깬 카다몬 꼬투리 3 개
- 코코넛 밀크 1 캔
- 야채 육수 2 컵
- 시금치 2 주먹

지침

a) 프라이팬에 올리브 오일을 넣고 중불로 가열합니다. 양파, 마늘, 생강을 넣고 부드러워질 때까지 몇 분 동안 볶습니다. 모든 향신료를 넣고 몇 분 더 요리하십시오.

b) 렌즈 콩과 야채 육수를 추가하십시오. 끓으면 불을 줄이고 5 분간 끓인다.

c) 코코넛 밀크를 넣고 소금과 후추로 간을 합니다. 렌틸콩이 익을 때까지 규칙적으로 저으면서 15-20 분 더 익힙니다. 불을 끄고 시금치와 모링가 가루를 넣고 저어줍니다.

43. 시금치 & 모링가 달

만든다: 2

재료

- 모링가 가루 2 티스푼
- 버터 기름 2 작은술
- 잘게 썬 양파 1 개
- 잘게 썬 작은 마늘 2 쪽
- 빨간 렌틸콩 1 컵
- 코코넛 크림 1 캔
- 신선한 야채 육수 500ml
- 시금치 300g
- 간 커민 2 작은술
- 강황 가루 1 티스푼
- 간 생강 1 티스푼
- 고수 가루 1 작은술
- 카레잎 약간
- ½ 말린 고추 플레이크
- 잘게 다진 고수 줄기 다발, 잎 분리 및 찢어짐
- 소금과 후추, 맛

봉사하기 위해

- 코코넛 요거트
- 방법

지침

a) 큰 냄비에 버터 기름을 데우십시오. 양파를 넣고 약 5 분 동안 또는 양파가 부드러워질 때까지 땀을 흘립니다.

b) 마늘과 고수 줄기를 넣고 1 분간 끓입니다. 커민, 강황, 생강, 고수 가루, 카레 잎, 칠리 플레이크를 넣고 잘 저은 후 1 분 더 익힙니다.

c) 렌틸콩을 넣고 1 분간 끓입니다. 코코넛 크림 캔과 야채 육수를 넣고 끓입니다. 열을 줄이고 약을 위해 끓인다. 10 분.

d) 시금치 잎을 넣고 약불에서 끓입니다. 렌틸콩이 달라붙지 않도록 가끔 저어주고 필요한 경우 뜨거운 물을 더 추가하여 40 분 동안 끓입니다.

e) 요리 시간이 끝나기 5 분 전에 모링가 가루를 저어주세요.

f) 소금과 후추를 넣으십시오. 렌틸콩이 부드러워지고 크리미한 질감이 되면 불을 끄고 고수 잎을 통해 저어주고 장식용으로 몇 개만 남겨 둡니다.

g) 고수 잎을 뿌린 그릇에 제공하고 코코넛 요거트 덩어리를 추가하거나 옆에 제공하십시오.

44. 그린 허브 살사를 곁들인 데친 연어

분량: 4 인분

재료:

- 물 3 컵
- 모링가 분말
- 2 큰 연어 필레
- 엑스트라 버진 올리브 오일 4 큰술
- 갓 짜낸 레몬즙 3 큰술
- 갓 다진 파슬리 2 큰술
- 갓 다진 바질 2 큰술
- 갓 다진 오레가노 2 큰술
- 갓 다진 쪽파 2 큰술
- 타임 잎 2 작은술
- 다진 마늘 2 작은술

지침

a)   큰 냄비에 물을 끓입니다. 모링가를 넣고 불에서 내립니다.

b)   3 분 동안 우려낸 다음 체에 거릅니다.

c)   연어를 넣고 불을 낮춥니다.

d)   연어 살코기를 중간 부분이 불투명해질 때까지 데칩니다. 5-8 분 동안 또는 완전히 익을 때까지 연어를 요리합니다.

e)   냄비에서 연어를 꺼내 따로 보관합니다.

f)   블렌더나 푸드 프로세서에 갓 다진 허브, 올리브 오일, 레몬 주스를 모두 버리십시오. 혼합물이 부드러운 반죽이 될 때까지 잘 섞습니다. 소금과 후추로 페이스트를 간을 합니다. 필요에 따라 양념은 조절하시면 됩니다.

g)   데친 연어를 큰 접시에 담고 신선한 허브 페이스트를 얹습니다.

45. 된장을 곁들인 모링가와 버섯 국물

분량: 2 인분

재료

- 모링가 분말
- 끓는 물 또는 야채 육수 3 컵
- 올리브 오일 1 티스푼
- 참기름 ½작은술
- ¼ 컵 양파, 잘게 썬
- ½ 파운드 흰 버섯, 얇게 썰린
- ¼ 컵 당근, 갈기리 찢긴
- 1 2 인치 PC 레몬그라스, 또는 레몬 제스트
- 1 큰 정향 마늘, 다진 것
- 된장 1 큰술, 플라스틱에 싸여
- 소금과 후추, 맛을보기 위해

지침

a) 모링가를 물이나 육수에 넣고 끓일 때까지 약 4 분간 끓입니다. 체,

b) 중불로 따뜻해질 때까지 1qt 무거운 냄비를 가열합니다. 올리브유와 참기름을 넣습니다. 즉시 양파, 버섯, 당근, 레몬그라스 또는 레몬 제스트, 마늘을 넣습니다. 4-5 분 동안 조리합니다. 차를 추가하십시오; 5 분 동안 부드럽게 끓입니다. 보온병에 붓습니다.

c) 먹을 준비가 되면 된장을 풀고 보온병에 넣습니다. 덮고 가볍게 흔든다. 만드는 방법. 큰 1 인분 또는 1 컵 2 인분.

46. 라임이 들어간 모링가 치킨 커리

분량: 4 인분

재료

- 다진 고수 2 큰술, 씨와 큰 다발 1 개
- 커민 1 큰술, 씨
- 1 ½ 티스푼, 모링가
- 갓 갈은 육두구 1 꼬집
- 다진 마늘 6 쪽
- 다진 샬롯 5 개
- 8 칠리 페퍼, 초록색, 씨 제거 및 다진 것
- 다진 갈랑갈 125g
- 레몬그라스 줄기 2 개, 바깥쪽 잎 제거, 안쪽 줄기 다진 것
- 잘게 썬 카피르 라임 잎 4 개
- 새우젓 2 큰술
- 1 라임, 주스
- 땅콩 기름 4 큰술
- 껍질을 벗긴 닭가슴살 2 개, 얇게 썬 것
- 치킨 스톡 400ml
- 코코넛 밀크 400ml
- 망겟아웃 250g, 대략 슬라이스
- 대충 다진 작은 청경채 4 개
- 소금
- 갓 갈은 검은 후추
- 고수풀 가지
- 웨지 모양으로 자른 라임 2 개

● 으깬 검은 후추 열매 1 큰술

지침

a) 라임으로 매콤한 모링가 치킨 커리 만드는 법

b) 고수와 커민 씨를 마른 프라이팬에 넣고 중불에서 향이 날 때까지 볶습니다.

c) 향신료 분쇄기에 넣고 Moringa 분말을 넣고 곱고 가루가 될 때까지 블라치합니다.

d) 블렌더나 푸드 프로세서에 넣으십시오.

e) 육두구, 마늘, 샬롯, 고수, 고추, 양강근, 레몬그라스, 카피르, 라임 잎, 새우 페이스트, 라임 주스를 추가합니다.

f) 부드럽고 풀처럼 될 때까지 강하게 블렌딩하십시오.

g) 적당한 열에 놓인 큰 냄비에 기름 2 큰술을 데웁니다.

h) 닭고기를 냄비에 넣기 전에 소금과 후추로 간을 하고 노릇해질 때까지 약 3-4 분 동안 볶습니다.

i) 접시에 옮기십시오.

j) 남은 기름을 넣은 다음 반죽을 넣고 자주 약 4~5 분 동안 어두워지기 시작할 때까지 볶습니다.

k) 스톡과 코코넛 밀크를 휘젓고 끓입니다.

l) 닭고기를 소스에 넣고 뚜껑으로 부분적으로 덮고 약 6-8 분 동안 익을 때까지 약한 불로 요리합니다.

m) 맨겟아웃과 박초이를 카레에 넣고 부드러워질 때까지 3~4 분 더 조리합니다.

n) 소금과 후추로 카레를 맛보십시오.

o) 고수 가지, 약간의 라임 워지, 으깬 검은 후추 열매를 뿌린 웍에서 모링가 치킨 카레를 제공합니다.

47. 망고 라이스 샐러드를 곁들인 모링가 훈제 치킨

분량: 4 인분

재료

모링가 훈제 치킨

- 껍질을 벗긴 닭가슴살 3 개
- 굵은 천일염 50g
- 모링가 2 큰술
- 꿀 50g
- 으깬 검은 통후추 ½ 큰술
- 끓는 물 1 리터
- 쌀 50g, 종류 상관없음
- 캐스터 설탕 30g
- 옅은 갈색 설탕 20g

샐러드

- 현미밥 150g
- 껍질을 벗기고 5cm 길이로 자른 풋콩 200g
- 잘 익은 망고 2 개
- 다진 신선한 민트 4 큰술
- 다진 신선한 고수 4 큰술, 장식용 추가
- 씨를 제거하고 잘게 썬 붉은 고추 2 개
- 라임, 서빙하기 위해 쐐기로 자른다.

드레싱

- 쌀식초 3 큰술
- 제스트와 즙을 낸 라임 1 개
- 땅콩 기름 또는 유채 기름 3 큰술

- 간 생강 1 큰술
- 다진 마늘 1 쪽
- 생선 소스 1 작은술
- 꿀 2 작은술

지침

a) 끓는 물, 천일염, 모링가 1 큰술, 꿀, 통후추를 그릇에 넣고 모든 것이 녹을 때까지 휘젓습니다. 완전히 식히십시오

b) 닭가슴살을 얕은 무반응 접시에 넣고 날카로운 칼로 각각 몇 번 찔러줍니다. 소금물을 붓고 냉장고에 3 시간 넣어둡니다.

c) 소금물에서 닭고기를 제거하고 소금물을 버립니다. 닭 가슴살을 간단히 헹구고 접시에 담아 뚜껑을 덮지 않은 채 4~8 시간 동안 냉장 보관합니다.

d) 쟁반 바닥에 쌀, 설탕, 남은 모링가를 올려 훈연 준비를 합니다. 열을 켜십시오

e) 연기가 조금 나기 시작하면 가운데 선반에 닭가슴살을 놓고 뚜껑을 덮고 중약불에서 35 분 정도 훈제합니다. 가운데를 잘라 익었는지 확인합니다. 육즙이 맑아야 하고 분홍색 고기가 없어야 합니다.

f) 샐러드의 경우 현미를 큰 냄비에 끓는 물에 약 25 분 동안 또는 알 덴테가 될 때까지 요리합니다. 물기를 빼고 식히십시오

g) 끓는 물에 녹두를 3 분간 삶은 후 찬물에 헹굽니다. 배수하고 식히십시오

h) 망고 껍질을 벗기고 돌에서 과육을 잘라냅니다. 얇게 썰어 큰 그릇에 담는다. 민트, 고수풀, 고추, 녹두, 현미를 넣습니다. 함께 던져

i) 드레싱 재료를 함께 섞는다. 시즈닝을 맛보고 확인하십시오. 식초, 리임 주스 또는 꿀을 조금 더 원할 수 있습니다. 밥 혼합물과 버무리기

j) 쌀 샐러드를 4 개의 접시 또는 그릇으로 나눕니다. 훈제 닭가슴살을 썰어 망고 라이스 샐러드 위에 쌓아서 제공합니다. 여분의 고수 잎과 리임 웨지로 장식합니다.

48. 된장 소스를 곁들인 차 훈제 양갈비

만든다: 4

재료
- 8 살코기 양갈비

마리네이드
- 껍질을 벗기고 잘게 썬 붉은 양파 ½개
- 껍질을 벗기고 잘게 썬 마늘 2 쪽
- 껍질을 벗기고 잘게 썬 신선한 뿌리 생강 5cm 조각
- 씨를 제거하고 대충 다진 붉은 고추 1 개
- 막걸리 식초 또는 셰리 식초 1 큰술

훈제 갈비
- 미세 스모킹 칩 8 큰술
- 익히지 않은 마른 쌀 5 큰술
- 모링가 잎 2 큰술

한국 및 빠마소 디핑 소스
- 준비된 고추장 100g
- 쌀식초 2 큰술
- 캐스터 설탕 1 큰술
- 흰된장 2 작은술
- 계란 노른자 1 개
- 장식용 갓 다진 고수와 붉은 고추

지침

a) 매리 네이드를 준비하려면, 크고 얕은 그릇에 모든 재료를 함께 섞습니다.

b) 다진 고기를 넣고 뚜껑을 덮고 냉장고에서 2 시간 동안 재우거나 시간이 허락한다면 하룻밤 동안 재워둡니다.

c) 웍이나 큰 냄비를 뜨거워질 때까지 가열하고 나무 조각을 추가합니다. 연기가 나면 마른 쌀을 넣으십시오. 2~3 분 가열한 후 모링가를 넣습니다.

d) 찹을 대나무 찜통에 넣고 뚜껑을 덮은 다음 훈연 혼합물 위에 올려 놓습니다. 3~4 분간 훈제합니다.

e) 딥을 준비하려면, 작은 팬에 고추장, 쌀 식초, 캐스터 설탕, 된장을 함께 휘젓습니다. 가끔 저어주면서 약불로 부드럽게 약혀주세요. 열에서 제거하고 계란 노른자를 털다. 식히기 위해 따로 보관하십시오.

f) 예열된 적당한 그릴 또는 준비된 바비큐 아래에서 각 면을 2-3 분 동안 찹을 요리합니다.

g) 신선한 고수 잎과 잘게 썬 칠리, 디핑 소스를 곁들인 갈비를 제공합니다.

49. 모링가 대구찜

분량: 4 인분

재료

- 잘게 썬 껍질을 벗긴 고구마 2 컵
- 4 조각으로 자른 대구 1 파운드
- 모링가 가루 2 티스푼
- 무염 버터 4 큰술
- 신선한 타임 8 줄기
- 신선한 레몬 4 조각
- 코셔 소금 1 티스푼

지침

a) 오븐을 화씨 425 도로 예열합니다. 각각 약 12 x 16 인치 크기의 양피지 4 장을 반으로 접은 다음 펴서 주름을 만듭니다.

b) 각 양피지 조각의 한쪽면에 고구마 조각 더미를 놓고 대구 조각을 얹습니다.

c) 각 생선 조각에 모링가 1 티스푼을 뿌린 다음 버터 1 테이블스푼, 백리향 2 가지, 레몬 조각을 얹습니다. 소금으로 간을하십시오.

d) 초승달 모양의 패킷을 밀봉하고 형성하기 위해 양피지를 접어 충전물과 압착 가장자리를 둘러쌉니다.

e) 베이킹 시트로 옮기고 20 분간 굽습니다. 오븐에서 패킷을 꺼내 개봉하기 전에 5~10 분 동안 그대로 두십시오.

소스와 페스토

50. 모링가 가루 페스토 소스

만들다: 32 인분

재료

- 모링가 가루 1 큰술
- 신선한 바질 잎 1 컵
- 신선한 베이비 시금치 ½컵
- 신선한 편평한 잎 파슬리 잎 ½컵
- 큰 마늘 1 쪽
- 잣 또는 아몬드 조각 3 ½큰술
- 잘게 간 파마산 치즈 ½컵
- 레몬 1 개의 제스트
- 1–¼ 컵 엑스트라 버진 올리브 오일
- 판치 소금
- 후추를 꼬집다

지침

a) 모링가, 바질, 시금치, 파슬리, 마늘, 견과류, 레몬 제스트, 소금, 후추를 푸드 프로세서나 믹서기에 넣고 반죽처럼 만듭니다.

b) 기름을 뿌릴 때 치즈와 맥박을 추가합니다.

51. 모링가 과카몰리

재료

- 모링가 파우더 2-4 티스푼
- 잘 익은 아보카도 3 개
- 잘게 썬 작은 붉은 양파 1 개
- 씻어서 잘게 썬 방울 토마토 한 줌
- 3 잎이 많은 고수풀 가지를 씻어서 잘게 썬다.
- 엑스트라 버진 올리브 오일, 이슬비
- 라임 1 개 즙
- 향신료: 소금, 후추, 말린 오레가노, 파프리카, 으깬 고수 씨

지침

a) 아보카도를 반으로 자르고 돌을 깎아 대충 자릅니다. 대충 다진 아보카도 한 줌은 따로 둡니다.

b) 나머지 재료를 큰 그릇에 붓고 포크를 사용하여 과카몰리를 으깨고 잘 저어줍니다.

c) 나머지 아보카도를 넣고 고수 잎을 뿌립니다.

52. 모링가와 비트 후무스

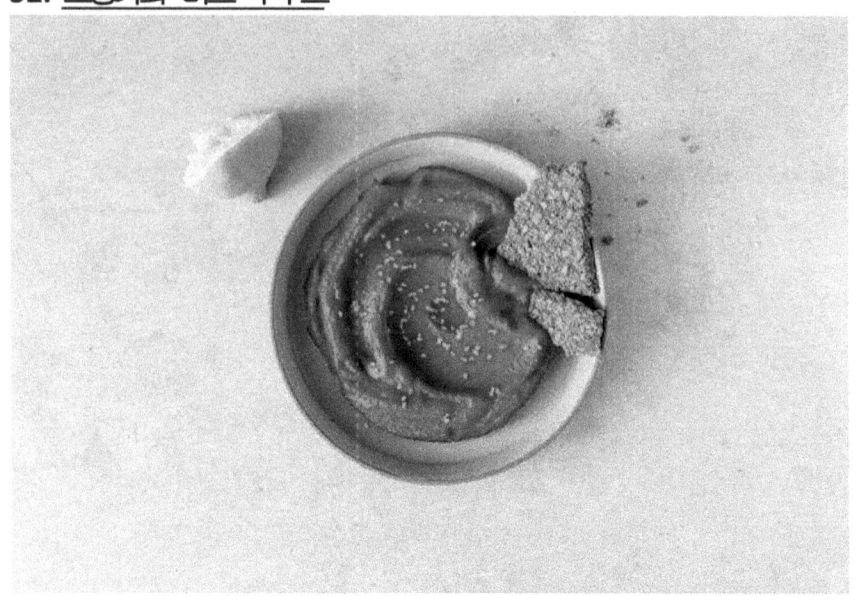

재료

- 모링가 가루 ½ 작은술
- 물기를 빼고 헹군 통조림 병아리콩 400g
- 익힌 비트 250g
- 마늘 1 쪽
- 타히니 2 큰술
- 간 커민 2 작은술
- 엑스트라 버진 올리브 오일 100ml
- 레몬 주스
- 맛볼 소금

지침

a) 블렌더/푸드 프로세서에 병아리콩을 제외한 모든 재료를 넣습니다. 부드러워질 때까지 섞는다.

b) 병아리콩을 넣고 부드럽고 맛있을 때까지 다시 갈아주세요!

53. 모링가 소스

재료:

다진 모링가 잎 1 컵
잘게 썬 작은 양파 1 개
다진 마늘 2 쪽
올리브 오일 1 큰술
간 생강 1 티스푼
간 커민 1 티스푼
고수 가루 1tsp
소금 1 티스푼
후추 1/2 티스푼
야채 육수 1/2 컵
레몬 1/2 개 즙
지도:

작은 냄비에 올리브 오일을 중불로 가열합니다.

다진 양파와 다진 마늘을 넣고 양파가 투명해질 때까지 약 3~4 분간 조리합니다.

다진 모링가 잎, 생강 가루, 커민 가루, 고수 가루, 소금, 후추를 냄비에 넣습니다. 섞이도록 저어주고 1-2 분 동안 조리합니다.

야채육수를 넣고 끓입니다.

불을 약하게 줄이고 Moringa 잎이 부드러워지고 소스가 걸쭉해질 때까지 10-15 분 동안 끓입니다.

열에서 제거하고 약간 식히십시오

이머전 블렌더 또는 일반 블렌더를 사용하여 소스가 부드러워질 때까지 블렌딩합니다.

레몬즙을 넣고 저어가며 입맛에 맞게 간을 조절하세요

좋아하는 요리와 함께 따뜻하게 또는 실온에서 제공하십시오

디저트

54. 와사비 오이 아이스크림

만든다: 4-8

재료

- 전지 코코넛 밀크 1 캔
- 원하는 설탕 2 스푼
- 작게 깍둑썰기한 오이 1 개
- ½ 라임 주스
- 모링가 1 티스푼
- 와사비 페이스트 1~2 큰술

지침

a) 모링가, 코코넛 밀크, 설탕, 라임 주스, 와사비 페이스트, 오이를 섞습니다.

b) 아이스크림 메이커가 있는 경우 혼합물을 추가하고 제조업체의 지시에 따라 진행하십시오.

c) 또는 간단히 재료를 냉동고용 용기에 넣고 얼리십시오.

d) 대부분 단단해질 때까지 매시간 포크로 혼합물을 저어줍니다.

55. 모링가 & 딸기 케이크

재료

- 다목적 밀가루 190 그램
- 모링가 가루 10g
- 타피오카 가루 15 그램
- 알루미늄 프리 베이킹 파우더 1 티스푼
- 베이킹 소다 1/2 티스푼
- 설탕 100 그램
- 두유 1 컵 또는 식물성 우유 선택
- 중성 오일 70 그램
- 백식초 1 큰술
- 비건 휘핑 크림
- 장식용으로 슬라이스한 딸기 또는 산딸기

지침

a) 오븐을 375ºF 로 예열합니다.

b) 양피지로 깡통에 줄을 긋습니다.

c) 큰 그릇에 우유를 올리브 오일에 천천히 휘젓습니다. 혼합물이 유화될 때까지 계속 휘젓습니다. 설탕을 넣고 잘 섞는다.

d) 같은 그릇에 체질한 건조 재료를 넣고 잘 섞일 때까지 섞습니다. 백식초를 넣고 잘 섞는다.

e) 준비된 틀에 반죽을 붓습니다.

f) 약 20-25 분 동안 또는 이쑤시개가 깨끗해질 때까지 굽습니다. 장식하기 전에 완전히 식히십시오.

g) 딸기와 휘핑 크림으로 케이크를 장식하십시오.

56. 모링가 아몬드 아이스크림

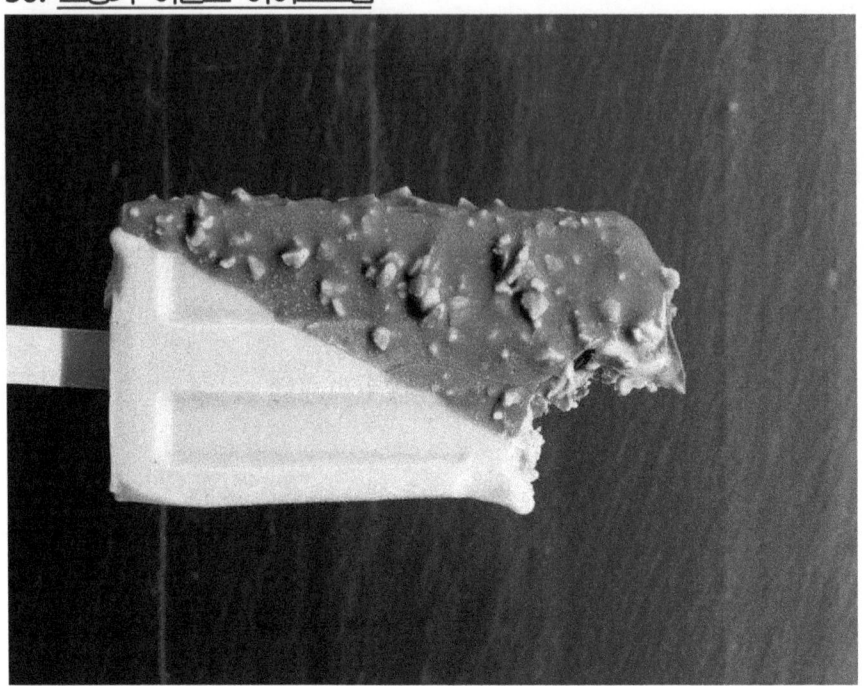

만든다: 4

재료:

- 아몬드 버터 2 컵
- 아몬드 오일 2 큰술
- 모링가 1 티스푼
- ¼ 컵 에리스리톨
- 소수의 아몬드 너트

지침:

a) 모든 재료를 블렌더에 넣고 완전히 섞일 때까지 약 30 초간 갈아줍니다.

b) 혼합물을 8 개의 아이스 캔디 틀에 붓고 틀을 두드려 기포를 제거합니다.

c) 최소 8 시간 또는 밤새 얼립니다.

d) 틀에서 아이스캔디를 제거합니다. 아이스캔디를 제거하기 어려운 경우 틀을 뜨거운 물에 잠시 담그면 아이스캔디가 떨어져 나옵니다.

57. 모링가 캐롭 컵

만든다: 4

재료:

- 캐롭 버터 ⅔ 컵
- 캐롭 가루 ¾컵
- 메이플 시럽 ⅓컵
- 캐슈 버터 ½컵
- 모링가 가루 2 티스푼
- 천일염

지침

a) 작은 팬에 물 ⅓컵을 채우고 그 위에 그릇을 놓고 팬을 덮습니다. 그릇이 뜨거워지고 아래의 물이 끓으면 그릇 안의 캐롭 버터를 녹이고 불을 켜십시오. 녹으면 불을 끄고 메이플 시럽과 캐롭 가루를 넣고 초콜릿이 걸쭉해질 때까지 몇 분 동안 저어줍니다.

b) 중간 크기의 컵케이크 홀더를 사용하여 초콜릿 혼합물의 넉넉한 스푼으로 하단 레이어를 채웁니다. 컵케이크 홀더를 모두 채우면 냉동실에 15 분 동안 넣어 굳힙니다.

c) 냉동실에서 얼린 초콜렛을 꺼내어 얼린 초콜렛 층 위에 모링가/캐슈 버터 반죽을 1 테이블스푼 크기로 얹습니다. 이 작업이 완료되자마자 남아 있는 녹은 초콜릿을 각 덩어리 위에 부어 무엇이든 덮도록 합니다. 바다 소금을 뿌린 다음 냉동실에 15 분 동안 두세요.

58. 모링가 퍼지

만든다: 4

재료

- 구운 아몬드 버터 85g
- 귀리 가루 60g
- 모링가 가루 4 티스푼
- 단백질 파우더 168g
- 레몬 10 방울
- 스테비아 추출물 1 티스푼
- 무가당 바닐라 아몬드 우유 1 컵
- 녹인 다크 초콜릿 4 온스

지침

a) 냄비에 아몬드 버터를 녹이고 귀리 가루, 모링가 가루, 단백질 가루, 레몬 방울, 스테비아를 넣습니다. 잘 섞다.

b) 이제 우유를 붓고 잘 섞일 때까지 계속 저어줍니다.

c) 혼합물을 덩어리 팬에 옮기고 굳을 때까지 냉장 보관합니다.

d) 위에 녹인 초콜릿을 뿌리고 초콜릿이 단단해질 때까지 다시 냉장 보관합니다.

e) 5 개의 막대로 슬라이스하고 즐기세요.

59. 슈퍼푸드 아이스크림

재료

아이스크림 혼합물

- 13.5 온스 통조림 코코넛 밀크
- ¼ 컵 유기농 과립형 감미료
- 유기농 모링가 분말 2 티스푼
- 유기농 바오밥 가루 1 티스푼

추가 기능

- 유기농 생 카카오 닙스 ½컵

지침

a) 아이스크림 혼합물의 모든 재료를 Vitamix 에 넣고 잘 섞이고 부드러워질 때까지 혼합합니다.

b) 아이스크림 혼합물을 아이스크림 메이커에 붓고 기계의 지시에 따라 준비합니다.

c) 아이스크림 메이커가 아이스크림을 다 만들었으면 카카오닙스를 손으로 저어주세요.

60. 모링가 & 블루베리 셔벗

분량: 2 인분

재료

- 모링가 가루 1 티스푼
- 냉동 블루베리 1 컵
- 냉동 바나나 1 개
- 코코넛 밀크 ¼컵

지침

a) 모든 재료를 블렌더나 푸드 프로세서에 넣고 부드러워질 때까지 갈아줍니다.

b) 필요한 경우 더 많은 액체를 추가하십시오

61. 모링가 키 라임 파이

만든다: 12

재료
크러스트
- 브라질너트/피칸/캐슈넛 2 컵
- ¼ 컵 건조 코코넛
- 메줄 대추 1 컵

채우기
- 모링가 가루 2 티스푼
- 불린 캐슈 1 ½ 컵
- 아보카도 1 개
- 라임 주스 3 개
- 녹인 코코넛 오일 ¼컵
- 통조림 코코넛 크림 ½컵
- 생꿀/메이플 시럽/아가베 넥타 ⅓컵

지침

크러스트

a) 푸드 프로세서에서 견과류를 곱게 갈아줍니다.

b) 나머지 재료를 넣고 섞어 반죽을 만듭니다.

c) 크러스트를 스프링 형태의 케이크 틀 또는 4-6 개의 미니어처 타르트 케이스에 고르게 눌러 담습니다.

채우기

d) 매우 부드러워질 때까지 고성능 블렌더에서 모든 재료를 혼합합니다.

e) 크러스트에 붓고 2-3 시간 동안 얼립니다.

f) 서빙하기 10-15 분 전에 냉동실에서 꺼냅니다.

62. 모링가 & 레몬 컵

만든다: 10

재료:

- 코코넛 버터 ½컵
- ½ 컵 마카다미아 너트
- 카카오 버터 ½컵
- ¼ 컵 코코넛 오일
- ¼ 컵 스워브 가루
- 잘게 간 레몬 제스트 1 큰술
- 모링가 가루 1 티스푼

지침:

e) 먼저 레몬 제스트와 모링가를 제외한 모든 재료를 푸드 프로세서에 넣고 1 분 동안 펄싱하여 모두 합칩니다.

f) 혼합물을 두 개의 그릇으로 나눕니다. 반으로 나누기 전에 가능한 한 똑같이 반으로 나누어야 합니다.

g) 모링가 가루는 별도의 그릇에 담아야 합니다. 특정 요리에 레몬 제스트와 다른 재료를 섞습니다.

h) 미니 머핀 컵 10 개에 모링가 믹스를 반 정도 채운 다음 레몬 혼합물 1 테이블스푼과 반을 토핑합니다. 따로 서빙하기 전에 적어도 한 시간 동안 냉장고에 보관했는지 확인하십시오.

63. 모링가 아이스 캔디

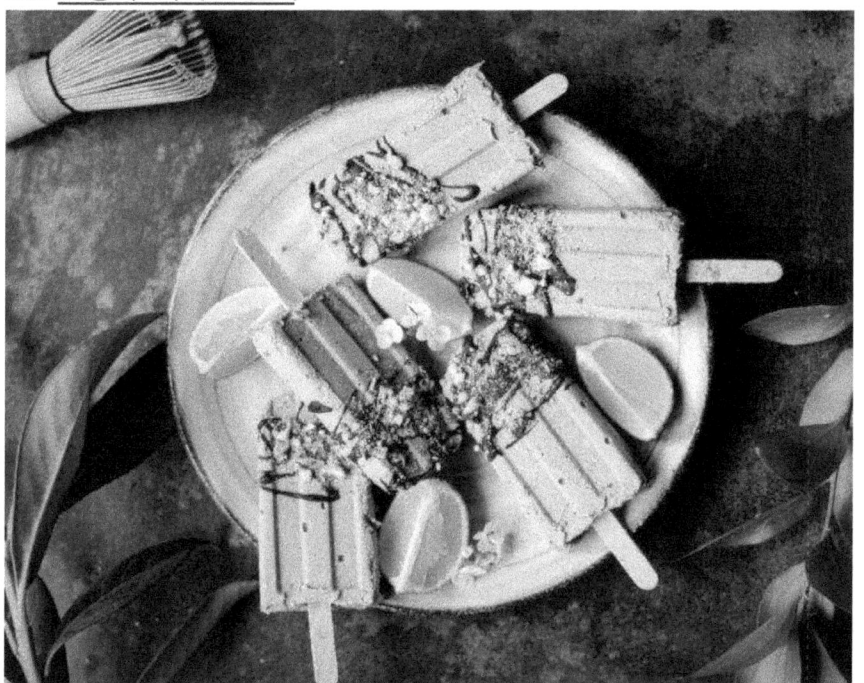

만든다: 4

재료:

- 무가당 코코넛 크림 2 컵, 냉장
- 코코넛 오일 2 큰술
- 모링가 1 티스푼
- ¼ 컵 에리스리톨 또는 과립 Swerve

지침:

e) 모든 재료를 블렌더에 넣고 완전히 혼합될 때까지 약 30 초 동안 혼합합니다.

f) 혼합물을 8 개의 아이스 캔디 틀에 붓고 틀을 두드려 기포를 제거합니다.

g) 최소 8 시간 또는 밤새 얼립니다.

h) 틀에서 아이스캔디를 제거합니다. 아이스캔디를 제거하기 어려운 경우 틀을 뜨거운 물에 잠시 담그면 아이스캔디가 떨어져 나옵니다.

64. 모링가 아이스크림

만든다: 2

재료

- 모링가 가루, 3 큰술
- 하프 앤 하프, 두 컵
- 코셔 소금, 꼬집음
- 설탕, 반 컵

지침

a) 중간 냄비에 하프 앤 하프, 설탕, 소금을 함께 휘젓습니다.

b) 중불에서 혼합물을 익히기 시작하고 모링가 가루를 넣습니다.

c) 열에서 제거하고 얼음 욕조에 앉아있는 그릇에 혼합물을 옮깁니다. 혼합물이 식으면 비닐 랩으로 덮고 냉장고에서 식힙니다.

d) 요리가 준비되었습니다.

65. 모링가 캐슈 컵

만든다: 4

재료

- 카카오 버터 ⅔컵
- ¾ 컵 카카오 파우더
- 메이플 시럽 ⅓컵
- ½ 컵 캐슈 버터 또는 원하는 것
- 모링가 가루 2 티스푼
- 바다 소금

지침

d) 작은 팬에 물 ⅓컵을 채우고 그 위에 그릇을 놓고 팬을 덮습니다. 그릇이 뜨거워지고 아래의 물이 끓으면 그릇 안의 카카오 버터를 녹이고 불을 켜십시오. 녹으면 불을 끄고 메이플 시럽과 카카오 가루를 넣고 초콜릿이 걸쭉해질 때까지 몇 분 동안 저어줍니다.

e) 중간 크기의 컵케이크 홀더를 사용하여 초콜릿 혼합물의 넉넉한 스푼으로 하단 레이어를 채웁니다. 컵케이크 홀더를 모두 채우면 냉동실에 15 분 동안 넣어 굳힙니다.

f) 냉동실에서 얼린 초콜렛을 꺼내어 얼린 초콜렛 층 위에 모링가/캐슈 버터 반죽을 1 테이블스푼 크기로 얹습니다. 이 작업이 완료되자마자 남아 있는 녹은 초콜릿을 각 덩어리 위에 부어 무엇이든 덮도록 합니다. 바다 소금을 뿌린 다음 냉동실에 15 분 동안 두세요.

66. 모링가 퍼지

만든다: 4

재료:

- 구운 아몬드 버터, 85g
- 귀리 가루, 60g
- 무가당 바닐라 아몬드 우유, 1 컵
- 단백질 파우더, 168g
- 다크 초콜릿, 녹인 4 온스
- 모링가 가루, 4 티스푼
- 스테비아 추출물, 1 티스푼
- 레몬, 10 방울

지침:

f) 냄비에 버터를 녹이고 귀리 가루, 차 가루, 단백질 가루, 레몬 방울, 스테비아를 넣습니다. 잘 섞다.

g) 이제 우유를 붓고 잘 섞일 때까지 계속 저어줍니다.

h) 혼합물을 덩어리 팬에 옮기고 굳을 때까지 냉장 보관합니다.

i) 위에 녹인 초콜릿을 뿌리고 초콜릿이 단단해질 때까지 다시 냉장 보관합니다.

67. 모링가 크림

만든다: 2

재료

- 전유 1 컵
- 설탕 ¾ 컵
- 모링가 가루 4 큰술
- 헤비 크림 2 컵

지침

a) 중간 냄비에 우유, 설탕, 모링가를 넣고 모링가 가루가 녹을 때까지 휘젓습니다. 중불에 올려 설탕이 녹을 때까지 저어줍니다. 열에서 제거하고 크림을 저어줍니다.

b) 실온으로 식힌 다음 뚜껑을 덮고 완전히 식을 때까지 3~4 시간 또는 밤새 냉장 보관합니다.

c) 식힌 혼합물을 아이스크림 메이커에 붓고 지시에 따라 얼립니다.

d) 아이스크림을 냉동고 안전 용기에 옮겨 냉동실에 넣습니다. 서빙하기 전에 1~2 시간 동안 굳히십시오.

68. 모링가 감

만든다: 2

재료:

- 그릭요거트 1 컵
- 모링가 1 티스푼
- 바닐라 추출물 ½ 티스푼
- 꿀 1 큰술

토핑

- 감
- 참깨 클러스터

지참

a) 모든 재료를 그릇에 담습니다.

69. 압생트 & 머랭 아이스크림

만드는 양: 약 1 쿼트

재료

- 전유 2⅔컵
- 옥수수 전분 1 큰술 + 2 작은술
- 부드러운 크림 치즈 4 큰술
- 모링가 가루 ½작은술
- 고운 천일염 ⅛티스푼
- 헤비 크림 1½ 컵
- 설탕 ¾컵
- ¼ 컵 라이트 옥수수 시럽
- 압생트, 페르노 또는 파스티스 1¼컵
- 아니스 추출물 ½작은술
- 부서진 머랭 1 컵머랭 케이크

지침

a) 부드러운 슬러리를 만들기 위해 작은 그릇에 옥수수 전분과 우유 약 2 테이블스푼을 섞습니다.

b) 중간 크기의 그릇에 크림 치즈, 모링가, 소금을 넣고 부드러워질 때까지 휘젓습니다.

c) 큰 그릇에 얼음과 물을 채웁니다.

d) 요리 남은 우유, 크림, 설탕, 옥수수 시럽을 4 쿼트 냄비에 넣고 중불에서 4 분 동안 끓입니다. 열에서 제거하고 옥수수 전분 슬러리에서 서서히 휘젓습니다. 혼합물을 중불에서 다시 끓이고 내열 주걱으로 저으면서 약간 걸쭉해질 때까지 약 1 분간 조리합니다. 열에서 제거하십시오.

e) 식히기 뜨거운 우유 혼합물을 크림 치즈에 넣고 부드러워질 때까지 서서히 휘젓습니다. 혼합물을 1 갤런 지퍼락 냉동 백에 붓고 밀봉 백을 얼음 수조에 담급니다. 차가워질 때까지 필요에 따라 더 많은 얼음을 추가하면서 약 30 분간 그대로 둡니다.

f) 동결 냉동실에서 냉동 캐니스터를 꺼내고 아이스크림 기계를 조립하고 전원을 켭니다. 아이스크림 베이스를 캐니스터에 붓고 걸쭉하고 크림처럼 될 때까지 돌립니다.

g) 저장 용기에 아이스크림을 포장합니다. 압생트와 아니스 추출물을 넣고 저으면서 머랭 조각을 섞습니다. 양피지 한 장을 표면에 직접 대고 밀폐 뚜껑으로 밀봉합니다. 냉동실의 가장 차가운 부분에서 얼립니다.

70. 모링가 셔벗

분량: 4 인분

재료

● 설탕 ¾컵

● 뜨거운 양조 Moringa 3 컵

지침

a) 차에 설탕을 녹이고 차가워질 때까지 냉장 보관합니다.

b) 제조업체의 지침에 따라 아이스크림 냉동고에서 얼립니다.

71. 치아 씨드 푸딩

만든다: 1

재료

- 블랙 치아씨드 ¼컵
- 식물성 우유 1 컵
- 라임 ½개, 갓 짜낸 라임 주스
- 아슈와간다 분말 ⅛티스푼
- 바닐라 빈 가루 한 꼬집
- 모링가 가루 1 티스푼
- 갓 간 생강 작은 덩어리 1 개

지침

a) 큰 그릇에 치아 씨를 우유와 라임 주스와 함께 휘젓습니다.

b) Ashwagandha, 바닐라, Moringa 및 생강을 휘젓습니다. 냉장고에 넣고 15~30 분 후에 다시 저어주세요.

c) 치아가 푸딩으로 꽃을 피울 수 있도록 밤새 2-8 시간 동안 푸딩 혼합물을 냉장고에 넣고 담가둡니다.

72. 피스타치오 모링가 아이스크림

구성 작은 아이스크림 8 개

재료:

- 모링가 가루 2 티스푼
- 껍질을 벗긴 피스타치오 ½컵
- 캐슈넛 ½컵
- 코코넛 밀크 ½컵
- 코코넛 과육 1 컵
- 바닐라 빈 페이스트 2 작은술
- 메이플 시럽 ¼컵
- 녹인 코코넛 오일 3 큰술
- 녹인 양질의 다크 초콜릿 또는 생 초콜릿 100g

지침:

a)   피스타치오와 캐슈넛을 푸드 프로세서나 고성능 블렌더에 넣고 잘게 부순다.

b)   코코넛 밀크, 코코넛 과육, 바닐라, 모링가 가루, 메이플을 넣고 부드러워질 때까지 블리츠합니다.

c)   녹은 코코넛 오일을 붓는 동안 블렌더를 계속 작동시킵니다. 이것은 블렌드에서 아름다운 크림 같은 일관성을 만들어야 합니다.

d)   아이스크림 몰드나 라미킨에 붓고 2-3 시간 동안 얼려서 굳힙니다.

e)   서빙하려면 틀에서 아이스크림을 꺼내 베이킹 페이퍼를 깐 쟁반에 놓고 녹은 초콜릿 위에 이슬비를 뿌립니다.

f)   냉장고에 다시 넣어 1~2 분 동안 굳힌 다음 서빙하세요.

73. 딸기, 귀리, 모링가

만든다: 2

재료:

- 구식 귀리 1 컵
- 다목적 밀가루 2 ¼ 컵
- 설탕 ⅔ 컵
- 베이킹파우더 1 스푼
- 체질한 모링가 2 큰술
- 소금 ½ 작은술
- 우유 1 ¼ 컵
- 바닐라 익스트랙 2 티스푼
- 계란 2 개
- 무지방 그릭 요거트 6 온스 용기
- 액체 상태의 코코넛 오일 ⅓ 컵
- 1/4 인치 조각으로 자른 유기농 딸기 1 파운드
- 들러붙지 않는 스프레이
- 샌딩 설탕, 마무리

지침

f) 오븐을 섭씨 200 도로 예열합니다. 각 틴에 8 개의 컵케이크 라이너를 넣은 다음 코팅된 논스틱 스프레이를 가볍게 뿌립니다.

g) 하나의 믹싱 볼에 모든 건조 재료를 섞습니다. 다른 믹싱 볼에 젖은 재료를 모두 섞습니다. 완전히 섞일 때까지 젖은 재료를 마른 재료에 천천히 섞습니다. 잘게 썬 딸기를 살살 섞어주세요. 숟가락이나 아이스크림 스쿱을 사용하여 배터가 라이너의 상단 가장자리에 닿을 때까지 라이너를 채웁니다.

h) 바삭한 머핀 크러스트를 만들기 위해 윗면에 샌딩 설탕을 뿌립니다.

i) 머핀을 섭씨 200 도에서 처음 10 분 동안 구운 다음 섭씨 80 도까지 온도를 낮추고 약 12-15 분 동안 윗부분이 아주 살짝 황금색이 되고 이쑤시개가 깨끗해질 때까지 굽습니다.

j) 머핀이 충분히 식으면 식힘망으로 옮겨주세요. 머핀을 즉시 제공하면 머핀이 라이너에 달라붙는 경향이 있습니다. 완전히 식을 때까지 기다리면 쉽게 풀릴 것입니다.

74. 모링가, 대추 & 바나나 나이스 크림

만든다: 2

재료:

- 냉동 바나나 5 개
- 코코넛 워터
- 2 날짜
- 모링가 가루 1 큰술

지참:

a)   모든 재료를 푸드 프로세서에 넣습니다.

b)   예쁜 그릇에 담아

c)   원하는 토핑으로 장식합니다.

75. 바나나 모링가 나이스 크림

분량: 2-3 인분

재료:

● 껍질을 벗기고 덩어리로 자른 후 얼린 큰 바나나 2 개
● 모링가 가루 1 티스푼

지침:

a) S 칼날이 장착된 푸드 프로세서에 바나나 덩어리를 넣고 기계를 켭니다.

b) 바나나가 소프트 아이스크림처럼 매우 크리미한 질감이 될 때까지 모터를 작동시킵니다.

c) 바나나가 크리미해지면 모링가 가루를 넣고 섞습니다.

d) 즉시 봉사하십시오

76. 모링가와 라즈베리 프렌즈

만든다: 4

재료

- 무염버터 95g
- 달걀 흰자 135g
- 그래뉴당 150g
- 아몬드 가루 100g
- 밀가루 60g
- 모링가 12g
- 소금 한 꼬집
- 옵션: 신선/냉동 라즈베리

지침

a) 머핀 통에 버터를 충분히 바르고 그 위에 밀가루를 조금 뿌립니다.

b) 팬에 버터를 넣고 중약불로 가열하고 황금빛 갈색이 될 때까지 익힙니다.

c) 불을 끄고 노릇노릇해지면 불을 끄세요. 그렇지 않으면 노릇노릇하게 금방 검게 변합니다. 나머지 재료를 준비하는 동안 실온으로 식히십시오.

d) 그릇에 설탕, 밀가루, 아몬드 가루, 모링가 가루, 소금을 함께 넣습니다. 마른 재료를 약간 휘젓습니다.

e) 버터를 넣고 휘평하여 결합합니다.

f) 섞일 때까지 휘젓는 동안 천천히 계란 흰자를 첨가하십시오. 달걀 흰자에 너무 많은 양을 만들 필요는 없습니다. 반죽이 뭉쳐지기만 하면 되므로 이 모든 작업을 손으로 합니다.

g) friands 반죽을 기름칠 머핀 틀에 숟가락으로 떠 넣으십시오. friand 중앙에 라즈베리를 놓습니다. 190 도로 예열된 오븐에서 약 15 분 동안 또는 다시 만질 때까지 굽습니다.

h) 성형을 풀기 전에 머핀 통에서 약간 식히십시오. 서빙하기 전에 와이어 랙에서 완전히 식히십시오.

77. 모링가 트러플

만드는 것 약 50 트러플

재료
- 헤비 크림 225g
- 메이플 시럽 ¼컵
- 흑설탕 2 큰술
- 모링가 1 큰술, 더스트용 1 큰술
- 잘게 썬 씁쓸한 초콜릿 340g
- 모링가 소금 또는 코셔 소금 한 꼬집

지침
a) 작은 냄비에 크림을 넣고 약한 불로 끓인 다음 메이플 시럽과 흑설탕을 넣고 녹을 때까지 약 2 분간 저어줍니다.

b) 모링가 1 큰술을 넣고 녹을 때까지 저은 후 따로 둡니다.

c) 큰 믹싱 볼에 초콜릿을 넣고 크림 혼합물을 붓습니다. 잘 섞은 후 양피지를 깐 과자 굽는 판에 붓습니다. 고무주걱으로 펴줍니다. 냉장고에서 약 1 시간 정도 식힙니다.

d) 숟가락을 사용하여 티스푼을 떠서 손바닥으로 공을 만듭니다. 모든 초콜릿이 사용될 때까지 반복합니다. 약 50 개의 트러플이 있어야 합니다.

e) 쟁반이나 접시에 정렬하고 고운 체를 사용하여 추가 Moringa 로 먼지를 뿌립니다. 모링가를 아주 살짝 뿌립니다.

스무디와 칵테일

78. 모링가 스무디

만들다: 1 인분

재료

- 아몬드 우유 1 컵
- 모링가 가루 1 큰술
- 다진 냉동 바나나 또는 파인애플 1 개

지침

a) 아몬드 우유, 모링가, 냉동 바나나 또는 파인애플을 고속 블렌더에 넣습니다.

b) 스무디가 부드럽고 크리미해질 때까지 가공합니다. 즉시 봉사하십시오.

79. 브로콜리 부추 오이 스무디

만든다: 2

재료:

- 브로콜리 1 컵
- 캐슈 버터 2 큰술
- 리크 2 개
- 오이 2 개
- 1 라임
- 상추 ½ 컵
- 상추 ½ 컵
- 모링가 1 큰술
- 으깬 얼음 1 컵

지침:

a) 믹서기에서 결합하십시오.

b) 제공하다.

80. 카카오 시금치 스무디

만든다: 2

재료

- 시금치 2 컵
- 냉동 블루베리 1 컵
- 다크 코코아 가루 1 큰술
- 무가당 아몬드 우유 ½컵
- ½ 컵 으깬 얼음
- 꿀 1 티스푼
- 모링가 가루 1 큰술

지침

a) 블렌더에서 결합
b) 제공하다

81. 모링가 쉐이크

분량: 4 인분

재료

- 아몬드 ¾ 컵
- 씨를 제거한 대추 ¾ 컵
- 모링가 1 큰술
- 정수된 물 3 컵
- 마카 가루 ½ 작은술
- 얼음 1 컵

지침

a) 아몬드, 대추야자, 모링가, 물, 마카, 얼음을 고속 블렌더에 넣고 부드러워질 때까지 갈아줍니다. 얼음을 넣고 잘 섞일 때까지 혼합합니다.

b) 즉시 제공하는 것이 가장 좋지만 냉장고에 며칠 동안 보관합니다.

82. 바닐라 모링가 아보카도 쉐이크

만든다: 2

재료:

- 아몬드 우유 1½ 컵
- 바닐라 단백질 파우더 2 스쿱
- 바닐라 추출물 ¼ 티스푼
- 씨를 빼고 껍질을 벗긴 아보카도 ½개
- 모링가 가루 2 티스푼
- 시금치 1 주먹

지침

a) 부드러워질 때까지 혼합합니다:
b) 필요한 경우 얼음이나 재료를 맛보고 조절하십시오.

83. 모링가와 민트 차

분량: 2 인분

재료:

- 모링가 파우더 미니 1 스쿱
- 민트시럽
- 식힌 물
- 얼음

지침:

d) 컵에 모링가 가루와 시럽을 섞습니다.

e) 물을 최대 ¾까지 채웁니다.

f) 채우기 위해 얼음을 저어 추가하십시오.

84. 모링가, 마카, 아마씨, 타히니 스무디

준비량: 1 잔

재료

- 식물성 우유 ½컵
- 큰 바나나 1 개
- 냉동 블루베리 ½컵
- 신선한 라즈베리 ½컵
- 모링가 가루 1 티스푼
- 간 아마씨 1 티스푼
- 마카 1 티스푼
- 타히니 1 티스푼

지침

a) 블렌딩을 위해 모든 재료를 용기에 함께 넣습니다.

b) 크림 같은 스무디가 될 때까지 혼합합니다.

c) 약간의 여분의 갈은 아마 또는 신선한 딸기를 뿌립니다.

d) 즉시 제공되는 것이 가장 좋습니다.

85. 사과, 로즈마리 & 모링가 진 쿨러

만든다: 2

재료:

- 모링가 가루 1 티스푼
- 녹색 사과 3 개
- 진 3 큰술
- 꿀 1 큰술
- 레몬즙 2 큰술
- 로즈마리 2 줄기
- 소다수
- 얼음

지침:

a) 사과와 주스의 코어를 제거하십시오. 칵테일 셰이커나 뚜껑이 있는 용기에 사과 주스, 레몬 주스, 모링가 가루, 꿀, 진을 넣고 세게 흔듭니다.
b) 2 개의 차가운 텀블러에 얼음을 붓고 로즈마리 가지와 사과 조각을 추가하고 더 얇은 칵테일을 위해 소다수를 채웁니다.

86. 모링가, 민트, 레몬 & 라임 워터

재료:

● 모링가 가루 1-2 티스푼

● 냉수 1 리터

● 얇게 썬 라임 2 개

● 얇게 썬 레몬 2 개

● 신선한 민트 잎의 큰 소수

지침

a) 큰 병이나 유리 용기에 모든 재료를 넣습니다.

b) 충분한 양의 얼음과 함께 서빙하기 전에 냉장고에 최소 2 시간 동안 그대로 둡니다.

87. 모링가 프로바이오틱 케피어 스무디

만든다: 1

재료

- 모링가 가루 1 티스푼
- 코코넛 밀크 케피어 300ml
- 소량의 케일 또는 시금치
- ½ 아보카도
- 바나나 1 개
- 콜라겐 가루 1 큰술
- 해바라기씨 1 큰술
- 아마씨 1 작은술
- 얼음 조각 3 개

지침

a) 모든 재료를 믹서기에 넣고 부드러워질 때까지 갈아줍니다.

b) 유리잔에 붓고 식용 꽃과 건조 코코넛으로 장식합니다.

88. 모링가 바나나 초콜릿 스무디

만든다: 2

재료

- 모링가 가루 ½작은술
- 슈퍼카카오파우더 2 큰술
- 바나나 1 개
- ½ 아보카도
- 2 Medjool 날짜
- 비유제품 우유 1 ½ 컵

지침

a) 모든 재료를 블렌더에 넣고 부드러워질 때까지 갈아줍니다.

b) 기호에 따라 카카오닙스를 곁들여 드세요.

89. 모링가 아보카도 스무디

만든다: 3

재료

- 껍질을 벗기고 깍둑썰기한 아보카도 ½개
- 오이 ⅓
- 시금치 2 컵
- 코코넛 밀크 1 컵
- 아몬드 우유 1 컵
- 모링가 가루 1 티스푼
- ½ 라임 주스
- 바닐라 단백질 파우더 ½스쿱
- 치아씨드 ½작은술

지침

a) 아보카도 과육과 오이, 나머지 재료를 블렌더에 넣고 부드러워질 때까지 갈아줍니다.
b) 제공하다.

90. 브로콜리 모링가 스무디

만든다: 2

재료

- 브로콜리 1 컵
- 코코넛 버터 2 큰술
- 1 라임
- 모링가 1 큰술
- 으깬 얼음 1 컵

지침

c) 믹서기에서 결합하십시오
d) 제공하다.

91. 모링가 케일 스무디

만든다: 2

재료

- 케일 2 컵
- 냉동 블루베리 1 컵
- 다크 코코아 가루 1 큰술
- 무가당 코코넛 밀크 ½컵
- ½ 컵 으깬 얼음
- 꿀 1 티스푼
- 모링가 가루 1 큰술

지참

c) 블렌더에서 결합
d) 제공하다

92. 모링가 MCT 쉐이크

분량: 4 인분

재료

- 아몬드 ¾컵
- 씨를 제거한 대추 ¾컵
- 모링가 1 큰술
- 정수된 물 3 컵
- mct 오일 ½티스푼
- 얼음 1 컵

지침

c) 아몬드, 대추야자, 모링가, 물, MCT 오일, 얼음을 고속 블렌더에 넣고 부드러워질 때까지 갈아줍니다.

d) 얼음을 넣고 잘 섞일 때까지 혼합합니다.

e) 즉시 제공하는 것이 가장 좋지만 냉장고에 며칠 동안 보관합니다.

93. 모링가 생강 스무디

만든다: 2

재료:

- 다진 양주 배 1 개
- 흰 건포도 또는 말린 오디 ¼컵
- 갓 다진 진저루트 1 티스푼
- 다진 로메인 상추 큰 한 줌
- 대마 씨앗 1 큰술
- 무가당 양조 모링가 1 컵, 냉각
- 얼음 7~9 개

지침

a) 얼음을 제외한 모든 재료를 Vitamix 에 넣고 부드럽고 크리미해질 때까지 가공합니다.

b) 얼음을 넣고 다시 처리하십시오. 차갑게 마신다.

94. 모링가 라임에이드

분량: 20 인분

재료
- 끓는 물 2 컵
- 모링가 분말
- 냉동 라임에이드 농축액 12 온스 캔 2 개
- 장식: 라임 웨지

지침
a) 찻주전자에 끓는 물과 모링가를 섞습니다. 10 분 동안 그대로 두십시오. 차를 약간 식히십시오.

b) 큰 투수에 포장 지침에 따라 냉동 라임에이드를 준비합니다.

c) 차를 저어주세요. 덮고 식히십시오. 라임 웨지로 장식합니다.

d) 마라스키노 체리 병에서 붉은 주스를 저장합니다. 펀치, 레모네이드, 진저 에일 또는 우유에 약간 저어 아이들이 좋아할 달콤한 핑크색 음료를 만듭니다.

95. 민트 초콜릿 칩 쉐이크

만든다: 2

재료:

- 초콜릿 단백질 파우더 2 스쿱
- 민트향 모링가 12 온스
- 생 코코아 가루 1 큰술
- 카카오닙스 1 큰술
- 얼음 조각 3 개

지침:

a) 모든 재료를 블렌더에 30-60 초 동안 넣습니다.

96. 모링가 럼 쉐이크

만든다: 2

재료

- 아몬드 우유 1½ 컵
- ¼작은술 럼 추출물
- 씨를 빼고 껍질을 벗긴 아보카도 ½개
- 모링가 가루 2 티스푼

지참

c) 부드러워질 때까지 혼합합니다

d) 필요한 경우 얼음이나 재료를 맛보고 조절하십시오

97. 모링가와 코코넛 프라페

만든다: 2

재료

- 얼음 + 코코넛 밀크
- 요거트 프라페 1 스쿱
- 모링가 파우더 미니 1 스쿱

지침

a) 컵에 얼음을 채우고 컵의 윗부분과 수평을 맞추세요.

b) 얼음 위에 우유를 붓는다

c) 컵의 내용물을 블렌더 용기에 붓습니다.

d) 프라페와 모링가 추가

e) 뚜껑을 단단히 닫은 후 부드러워질 때까지 혼합합니다.

98. 모링가 & 딸기 프라페

만든다: 2

재료

- 얼음 + 우유
- 모링가 파우더 미니 1 스쿱
- 무설탕 딸기 시럽 2 펌프
- 화이트 초콜릿 프라페 1 스쿱

지침

a) 컵에 얼음을 채우고, 컵의 윗부분까지 평평하게

b) 얼음 위에 우유를 붓는다

c) 컵의 내용물을 블렌더 용기에 붓습니다.

d) 모링가, 시럽, 프라페 가루 추가

e) 부드러워질 때까지 블렌딩합니다.

99. 모링가 요거트 스무디

만든다: 2

재료

- 요거트 ½컵
- 꿀 또는 설탕 2 큰술
- 얼음 조각 ½컵
- 모링가 1 티스푼

지침

a) 모든 재료를 믹서기에 넣고 갈아주기만 하면 됩니다.

100. 모링가 과일 스무디

만든다: 2

재료

- 딸기 ¼컵
- 요거트 ½컵
- 얼음 조각 ½컵
- 모링가 1 티스푼

지침

a) 전기 믹서기에 재료를 혼합한 다음 혼합물을 톨 클래스에 붓습니다. 조리 후 바로 드시는 것이 좋습니다.

b) 키위, 바나나, 망고, 민트 또는 생강 향을 추가할 수 있습니다. 모두 귀하와 귀하의 취향에 달려 있습니다.

결론

결론적으로 모링가는 다양한 레시피에 사용할 수 있는 믿을 수 없을 정도로 영양가가 높고 다재다능한 식물입니다. 스무디에서 샐러드, 수프에 이르기까지 모링가를 식단에 포함시키는 방법은 무궁무진합니다. 이 기사에서 공유한 모링가 레시피 중 일부를 시도하면 이 슈퍼 푸드의 많은 건강상의 이점을 즐기면서 맛있고 만족스러운 식사를 즐길 수 있습니다. 그러니 계속해서 이 레시피를 시도해 보세요. 입맛과 몸이 감사할 것입니다!

Milton Keynes UK
Ingram Content Group UK Ltd.
UKHW020626130923
428592UK00014B/555